相元

서로에게 으뜸이 되자

24해
우리 곁에 머물다 간
아름다운 영혼을 오래도록 기억하기 위하여
이 기록을 남깁니다.

어릴 적에 썼던 일기장과 투병 중에 늘 메모를 남겼던 노트를 참고하여 기록했습니다.
가급적 본인의 어투를 살리기 위해 수정을 가하지 않은 부분이 있음을 알립니다.

목차

프롤로그　06

1장. 연두 빛 새싹이 꽃처럼 예쁘더이다　09

- 하늘에서 온 선물　1~3살 (2000년~2002년)
- 어쩌다 오빠　4~5살 (2003년~2004년)
- 산을 닮은 아이　6~7살 (2005년~2006년)

2장. 여름 햇살 아래 열매는 붉게 익어가고　27

- 학교가 좋아　8살 (2007년)
- 관악산 아래 붉은 벽돌집에서　9살 (2008년)
- 흙에서 자라는 것들　10살 (2009년)
- "Hi, My name is Jimmy."　11살 (2010년)
- 5학년 3반 14번　12살 (2011년)
- 사춘기라고?　13살 (2012년)

3장. 낙엽은 나무를 떠날 때 자유를 느낀다　59

- 과천중 아싸에서 인싸로　14~16살 (2013년~2015년)
- 달빛이 위로해 주던 밤　17~19살 (2016년~2018년)
- 청춘, 그토록 푸르게 4년 3개월　20~24살 (2019년~2003년)

4장. 창 밖에는 함박눈이 나리고   91

- 동생 지수
- 아버지와 함께
- 메모 속의 친구들
- 해마루와 지구별 여행자
- 독수리… 날자, 날자꾸나

5장. 봄은 겨울이 꾸는 꿈   125

- 우리 상원이 / 김태규
- 상원이에게 / 서정인
- 애제자 상원에게 띄우는 단상 / 구본식 선생님
- 솔직한 마음 / 서혜지
- 보고 싶은 상원이 / 손용훈
- 누구보다 치열하게 살아왔던 널 알기에 / 오동현
- 상원이에게 / 임진세 선생님
- 안녕, 상원아 / 윤연재
- 무제 / 김태우
- 상원에게 / 조아연
- 상원아 / 이우빈

에필로그 - 그 후   174

프롤로그

긴 시간
우주를 떠돌다가
세상에 태어났고,
같이 살았고
아팠고
지금은 없다

오줌 눌 수 없고
숨 쉴 수 없고
말할 수 없고
얼마나 힘들었노

뒤늦게 본 문자에
아빠,
죽은 다음에는 어떻게 돼?
장례식 다 하고 말이야

가자
강아지 데리고
지수 손잡고

저녁 햇살 가득한
섬으로

이제는
응급실에서 오라지도 않고

2023.12
상원아빠

1

연두빛
새싹이
꽃처럼
예쁘더이다

19.09.21.

하늘에서 온 선물

상원 1~3살
2000-2002

　　　　엄마는 상원이를 만나기 전 100일 동안 건강하고 예쁜 아가를 소망하며 하늘에 기도를 드렸단다. 미래에 만날 네가 눈앞에 있는 것처럼 말을 걸었고 그날 하루에 있었던 일들을 얘기했지. 눈 깜짝 할 사이에 열 달이 지났고 만날 날이 가까워져 오자 엄마는 나무들에 생명을 주고 푸르게 가꾸는 「식목일」에 너를 보고 싶다고 했고 심지어 시간까지 정하자 했어. 의사 선생님의 바쁜 오전 진료가 끝나고 한숨 돌리고 난 2시쯤이 좋을 것 같다고 내 맘대로 생각했는데 너무나 신기하게도 너는 2000년 4월 5일 낮 2시 15분에 우리를 찾아왔어. 너와 나의 마음은 그때부터 이미 잘 통했던 거야!
　　최 정원이라는 뮤지컬 배우의 출산 과정이 담긴 다큐를 보고 알게 된 수중분만. 이 분만법으로 태어난 아기가 우리나라에서 아직 100명이 채 안 되었을 때니 망설여지는 부분도 없잖아 있었는데 태내의 양수와 비슷한 환경을 만들어 줌으로써 아기들이 훨씬 수월하게 세상에 나올 수 있다는 소리에 우린 과감한 결정을 내렸지. 출산까지 15시간 정도 걸릴 거라는 예상을 뒤엎고 너는 40분 만에 세상 밖으로 나왔단다. 탯줄을 매단 채 유유히 물속을 헤엄치던 너와의 첫 만남을 잊을 수가 없구나.

 동글동글한 머리통이 꼭 깎아놓은 밤톨같이 예뻤던 너. 귀가 커서 할머니가 너를 업고 골목에 나가시면 지나가던 할아버지들께서 "아따 고놈, 귀 한번 잘생겼다."라는 소리를 꼭 하시곤 했댔지. 바쁜 엄마, 아빠 대신 거의 외할머니 손에서 자라다시피 했는데 그래서인지 외할머니와 닮았다는 얘기도 많이 듣고, 입맛도 비슷해져서 식사 때마다 할머니 드시는 매운 무생채 나물을 달라고 떼를 썼다고 하더구나. 그 무생채 나물이 상원이의 소울 푸드가 되었지.
 배밀이도 걸음마도 한 템포 빨랐던 너에게 말을 가르치려고 사방 벽에 빈틈이 안 보일 정도로 단어랑 숫자 익히기 포스터를 잔뜩 붙여 놓았었는데 모양이 비슷해 보였는지 하얗게 깎인 알밤 사진을 보고는 혀 짧은 소리로 "마늘, 마늘!"이래서 웃었던 때가 생각난다. 말할 수 있는 단어가 하루하루 늘어났고 자고 나면 키가 한 뼘씩 자라는 것처럼 느

껴졌지. 에너자이저였던 너는 유모차를 타지 않고 늘 밀고 다녔어. 유모차 손잡이까지 키가 안 닿는 널 아빠가 허리춤에 안아주면 골목 이쪽 끝에서 저쪽 끝까지 지치지도 않고 그걸 밀고 다녔단다. 아빠가 먼저 지칠 때까지 말이야. 유독 기차를 좋아해서 경주에 사시는 할아버지께 놀러 갈 때면 배도 안 고픈지 역을 떠나지 않고 기차만 보고 있었지. 기차가 출발하면 플랫폼 끝까지 달려갔다가 새 기차가 오는 것을 보고서야 다시 돌아오고 또 뛰어가고…. 그렇게 기차역에서 시간을 다 보내고 밤늦게 서야 할아버지 댁에 도착한 적도 많았어. 그때 본 새마을호, 무궁화호가 몇백 대가 넘을 거야, 그치?

외출할 때면 꼭 지나쳐야 하는 과천 경찰서. 헌병대에 서 보기도 하고 경찰 아저씨께 경례도 하고…. 어린 네 눈에 세상에서 가장 멋있는 사람으로 비쳤을 군인, 경찰이 되는 것이 너의 희망 사항이 되었고, 햇볕을 먹고 나무가 자라고 열매가 영글듯 너는 꿈을 먹고 무럭무럭 자

랐단다.

엄마 배 속에 있을 때 찍었던 초음파 사진, 탯줄, 처음 잘라주었던 손톱, 머리카락까지도 너의 모든 것이 소중해서 계속 간직하고 있었지.

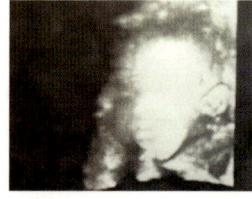

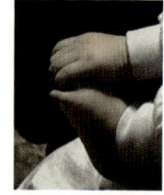

어쩌다 오빠

상원 4~5살
2003-2004

"어릴 때는 하루 종일 회사 간 엄마, 아빠만 기다렸는데 엄마가 오고 나면 금세 잠잘 시간이 되어서 슬펐었어." 이런 이야기를 한 적이 있지. 너의 어린 시절 엄마가 많은 시간을 함께 보냈다고 생각했었는데 너에게는 그 시간이 턱없이 모자랐던 것을 몰랐어. 너무 미안했어….

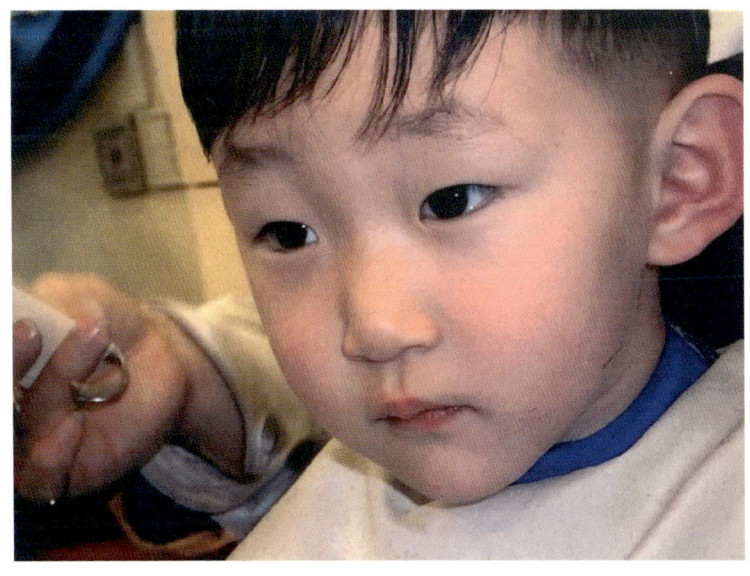

 어쩜 이것도 엄마가 네 맘을 몰랐던 일 중의 하나일 수 있겠다. 동생이 엄마 배 속에 있을 때였는데 아무래도 아가가 태어나면 엄마가 상원이랑 더 못 놀아 줄 것 같고 그러면 네가 엄마를 동생한테 빼앗긴 기분이 들 것 같았어. 그래서 너를 좀 더 일찍 어린이집에 보내야겠다고 생각했지. 친구들이 많아지면 네가 덜 속상해할 것 같았거든. 그때가 고작 네 살이었으니 너도 아직 아기라 품에 더 많이 품어 주었어야 했는데 말이야.
 어린이집에 가는 첫날, 너는 발걸음을 떼지 못했지. 셔틀버스에 타고서도 구출해 달라는 듯 간절한 눈빛을 보냈는데 나도 엄마 노릇이 처음인지라 뭘 잘 몰랐어. 이럴 때일수록 매몰차게 떼어놔야 한다는 주변 사람들의 조언을 들었던 터라 일부러 딴청을 부리면서 눈을 잘 안 마주쳤지. 너는 엄마 얼굴 한번, 배 한번을 본 후 버스에 올라탔고 그다음부터 칭얼대는 법이 없었다. 이튿날부터는 혼자 가방 메고 신발 신고

정류장까지 뛰어갔어. 4세 반 선생님이 네가 밥도 잘 먹고 같은 반 친구들과도 투닥이는 법 없이 잘 지낸다고 하셔서 안도했지만 지금 생각해 보면 어쩌면 그게 너의 사는 방법이었던 것 같아. 어쩔 수 없다고 판단되면 즐겁게 받아들이려 노력하는 초긍정 마인드 말이야. 어린이집에서 만난 친구들… 나중에 너와 절친이 된 용훈이, 물이랑 학교를 같이 다닌 강수, 초등 1학년 때 짝꿍이 된 유나…. 그 아이들은 네 살 상원이를 어떻게 추억하고 있을까?

공룡 특별전이 있어서 서울랜드 동물원에 놀러 갔던 날 기억나니? 공룡 이름을 줄줄 외우고, 자면서도 공룡 꿈을 꾸던 너…. 실물 크기의 갖은 공룡 모형을 볼 수 있다니 너무 신나서 전날 잠까지 설쳤었잖아. 하지만 생각보다 너무 크고 실제 같던 브라키오사우루스를 보고는 질겁해서 내가 공룡 몸통을 만지려 하니까 엄마 물어간다면서 만지지 말라며 필사적으로 잡아끌고 주변에 있던 병아리 인형에게도 빨리 도망

가라고 애원했었잖아. 울기 일보 직전으로 ㅎ.

 집으로 돌아오는 길, 엄마를 무사히 구출했다는 안도감에 긴장이 풀려 잠에 빠져든 너를 업고 걷던 벚꽃 길…. 비 내리듯 흩날리던 꽃잎이 너무도 예뻤다.

 동생이 태어났고 낮이고 밤이고 빽빽 울어대는 이 꼬마가 도대체 언제 커서 오빠의 놀이 상대가 될 수 있다는 건지 알 수 없는 노릇인 너는 무척 못 마땅해했어. 게다가 지수가 어릴 때 자주 아파서 맨 날 토하고 병원 가느라 엄마, 아빠는 더 바빠 보였으니까, 너의 심기가 불편했지.

 어느 날 아침에 엄마가 분유 타는 동안 동생 좀 잠깐 보고 있으라 했는데 바닥에 앉혀놨던 지수가 네가 애지중지 아끼는 장난감에 침을 흘려 놓고는 손으로 문지르고 했었나 봐. 네가 홧김에 지수를 밀치는 바람에 쿵 소리를 내며 넘어가서 지수 머리에 혹이 생겼지. 그날 넌 엄마에게 호되게 혼이 났어. 눈물이 쏙 빠지도록 혼이 난 이후부터 너는 지수를 장난으로라도 손댄 적이 없었지. 동생과 엎치락뒤치락 싸우기도 하고 장난치는 친구를 보면 부러워하기도 했지만.

어릴 적에 그린 첫 그림인데 종이 앞면에 돼지 얼굴과 몸통을 그리고, 뒷면에는 엉덩이를 그려 놓았더구나. 입체적으로 그리고 싶어서 고민한 흔적이 보였지. ㅎ

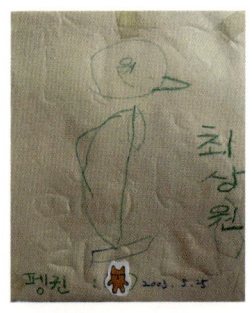 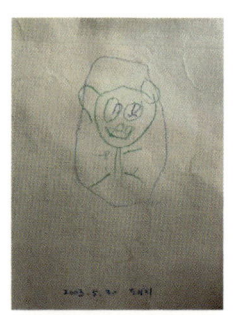 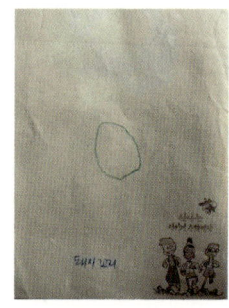

산을 닮은 아이

상원 6~7살
2005-2006

산을 바라보는 아이는
그 가슴에 커다란
바위가 있다.
바위 밑에서 맑은 샘물이
솟아 나오는.

산을 바라보는 아이는
그 마음에 정정한
나무가 있다.
온갖 새들이 가지에 앉아
노래하고 있는.

산을 바라보는 아이는
떡 벌어진 어깨
확 트인 가슴
세상의 바람을 다 맞아도
끄떡도 않는다.

산같이 말이 없고
그 눈은 하늘빛
귀는 먼 바다의
파도 소리를 듣는다.

하늘에 안겨
온몸에 빛을 거느리고 있는
그 아이는
하늘 높이 솟은 산이다.

「산을 바라보는 아이」 이 오덕

이 오덕 선생님의 교육철학을 바탕으로 자연 속 학교를 표방했던 물이랑 작은 학교에서 상원이는 신나는 두 해를 보냈지. 산으로 들로 쏘아 댕기고 숲속 탐험도 하고 자연의 품속에서 물고기가 물을 만난 듯 자유롭게 헤엄쳐 다녔어. 적은 인원이었지만 그 안의 규율은 엄해서 놀다가 싸움이라도 나면 무릎 꿇고 앉아 상대방에게 100번씩 절을 해야

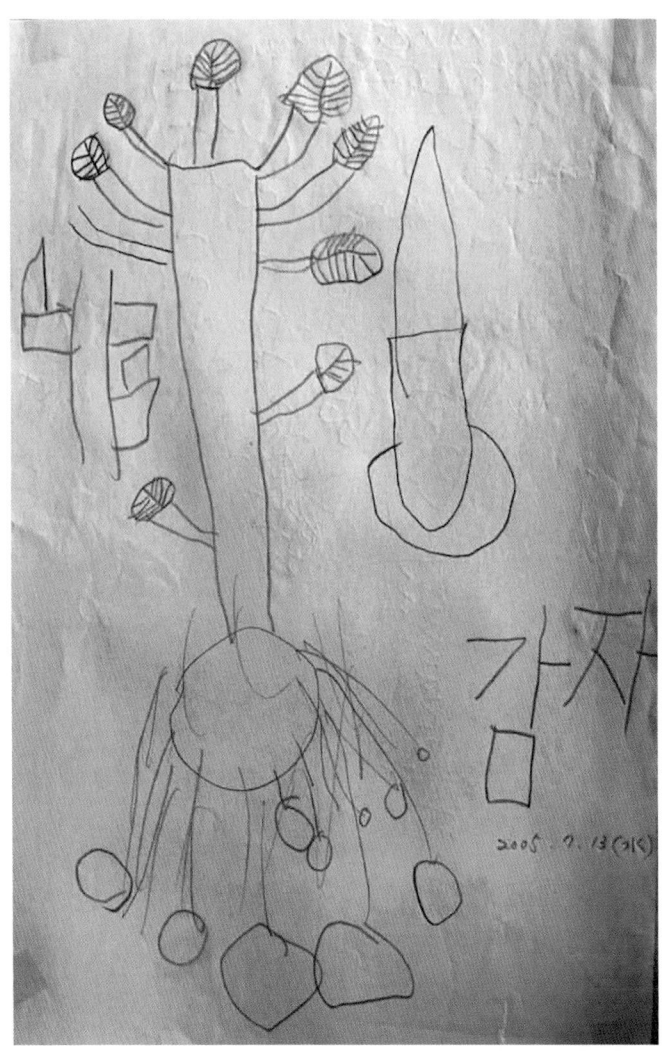

했지. 물이랑 학교에서 지낸 2년간 그런 일이 딱 한 번 있었다고 들었는데 아이들끼리 싸움이 적었던 이유는 선생님이 무서워서였다기보다 매일매일 하늘과 바다, 너른 들판을 보고 자라던 너희였기에 맘속 그릇도 그렇게 넉넉했지 않았나 싶어.
≪산을 바라보는 아이≫ 2005년 8월에 나온 물이랑 작은 학교 글 모음집을 보니 상원이의 6세, 7세 시절이 사진처럼 선명하게 눈앞에 그려지는구나.

 물이랑 예닐곱 살들은 방안에서 옛이야기 책도 보고, 만들기도 하고, 그림도 그리고, 노래도 부르고, 마주 이야기도 해요. 하지만 우리는 날씨만 좋으면 바깥으로 나갈 거예요. 나무와 풀, 꽃, 벌레들, 흙과 바위, 개울에 흐르는 물, 버들치, 개구리, 도롱뇽, 가재들이 우리를 어린이답게 자라게 해줄 거예요.

3월 2일 교육 일기

밤새 눈이 많이 내렸다. 오전까지는 눈발이 흩날렸는데, 점심 먹고 나서 해가 반짝 나더니 그늘진 곳 빼고는 많이 녹았다.

점심 먹기 앞까지 줄곧 눈하고 놀았다. 상원이는 혼자 누워서 하늘 보고 팔을 휘젓고, 다리를 구르고, 뒹굴기도 한다. 강수도 벌러덩 누웠다가 일어나서는 "팔도 두 개, 다리도 두 개, 이게 나야." 젖은 옷 벗어서 널고, 내복 바람으로 점심을 먹고 고누두기를 하다가 함께 3월 달력을 만들었다. 학교 여는 잔치 때 부를 노래 「고향의 봄」 노랫말을 쓰고 함께 불렀다.

3월 8일

상원) 재윤이 형이 때렸어요.

재윤) 장난으로 그런 건데.

상원)...... 때리는 건 장난이 아니에요.

산과 개울로 다닐수록 우리는 할 놀이가 많아졌어요. 얼음 깨기 낚시, 소꿉놀이, 돌로 집짓기, 물길 내기, 톱질하기, 밭 일구기, 숲속 배움터에 있는 나무 시소 타기, 메아리 부르기, 탐험 놀이…. 산과 개울에 있으면 마음이 저절로 너그러워져요

5월 3일

상원) 나무는 사람이 볼 때는 아예 안 죽어.

 왜냐하면 사람이 죽어도 나무는 자라니까.

5월 26일

상원이 얼굴에 모래가 튀어서 갯물에서 씻으면서
선생님) 상원아, 눈 위로 떠 봐. 모래 씻어 내자
상원) (웃으면서) 선생님 눈 속에 내가 있다. 히히
선생님) 상원이 네가 보여? 어! 상원이 눈 속에 나도 있네.

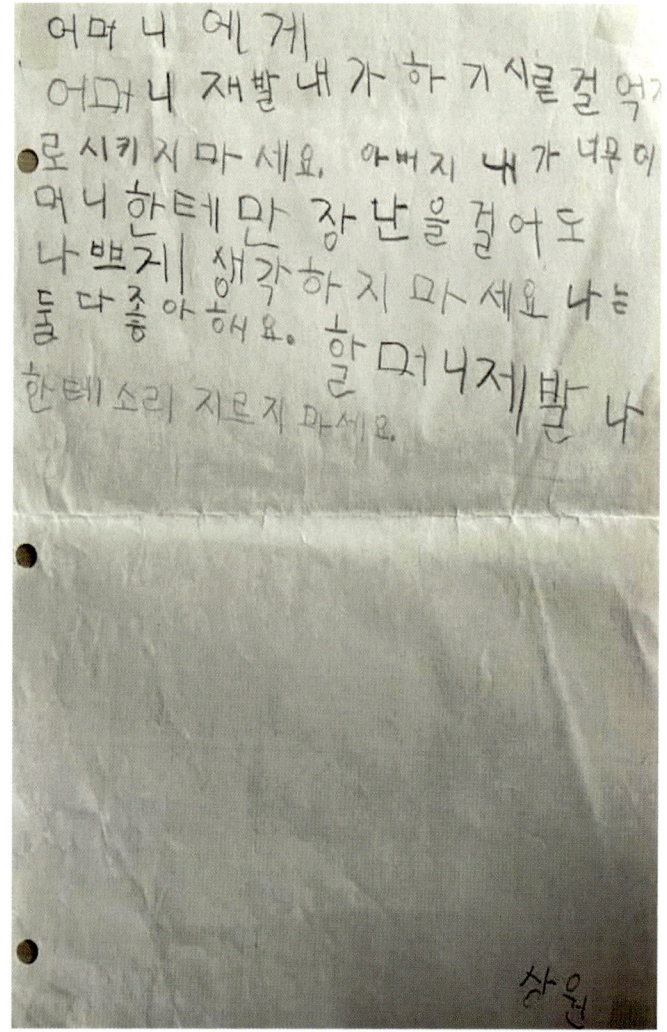

여름에는 무엇보다 자연 속 학교가 가장 큰 공부였어요. 여드레 동안 아침에 일어나서 밤에 잠들 때까지 언니들, 동무들, 선생님들과 어울려 지냈어요. 그러다 보니 가장 중요한 공부를 그동안 놓치고 있었다는 것이 훤히 드러났어요. 밥 먹을 때 옆 동무와 장난치느라 한 시간이 걸리기도 했어요. 밥은 하늘이라는데, 고마운 마음으로 즐겁게 밥 먹기, 밥알 흘리거나 남기지 않고 먹기, 가지고 논 놀잇감 제자리에 놓기, 밥 먹은 자리 치우기. 잠잘 자리 깨끗이 쓸고 닦기부터 잘해야 하거든요. 이런 일들은 예닐곱 살 자기 힘으로 얼마든지 할 수 있어요. 이것이 삶에 가장 바탕이 되는 공부예요.

상원이가 기억하는 7살은 너무나도 평화로웠고 많은 사랑을 받았던 때라서 나중에 네가 힘들고 지쳤을 때도 그 시절을 기억하면 늘 힘이 난다고 했었지. 종양이 온몸에 퍼져 다섯 번의 대수술과 수십 번의 항암, 방사선 치료를 받고 난 후에 넌 "7살 때로 돌아가고 싶어. 그땐 내가 얼마나 행복했는지 미처 몰랐어."라고 말했어. 돌아가게 해 줄 수만 있다면 엄마는 내 영혼을 팔아서라도 봄날의 새싹 같았던 그때로 보내주고 싶었단다.

산으로 들로 뛰어다니던 때, 몸도 마음도 튼튼하게 자라서 자기 목소리를 낼 줄 아는 7살이 되었어.

2

여름 햇살 아래
열매는
붉게
익어가고

학교가 좋아

상원 8살
2007

　　　　　물이랑 작은 학교는 자연주의 교육철학에 바탕을 둔 대안학교였고 엄마는 네가 그곳에서 계속 초, 중등 과정을 다녔으면 했어. 물이랑 학교 시절에 네가 얼마나 건강하고 행복했는지 잘 알고 있었으니까. 하지만 아빠는 뭔가 특별하거나 일반적이지 않은 길을 선택하는 것보다는 공교육이라는 평범한 범주에 속해 있는 것이 나중에 네가 어

른이 되어 사회생활을 할 때 훨씬 수월할 거라고 생각했어. 어느 학교를 보낼 것인지를 두고 우리는 한참이나 말다툼했단다.

 취학 통지서를 받고 결국 과천초등학교에 가기로 했고, 입학식 날 뵈었던 류 양춘 선생님께서는 아이에게 최고의 선택을 해주고픈 부모의 마음 잘 알고 있다고 하시면서 잘 돌볼 테니 걱정하지 말라고 푸근한 웃음을 지어 주셨어. 생각해 보면 엄마는 어느 쪽을 선택했든지 못 가진 것에 대한 아쉬움이 남았을 것 같지만, 상원이는 잘했을 것 같아. 길가에 핀 꽃도 보고, 벌레도 보면서 그 길의 끝에 무엇이 있을지 걱정하기보다는 열심히 걷는 너의 발걸음에 집중했을 것 같아.

 일반 학교에 다닐 마음의 준비를 안 했던 터라 학습적으로 많이 뒤떨어질 거로 생각했는데 의외로 너는 잘 따라가 주었어. 힘든 지점은 다른 곳에 있었지. 물이랑 학교에서는 주로 동요나 옛 민요를 불렀고, 어린아이들을 미디어의 공해로부터 지켜내고자 핸드폰은 물론 TV 시청도

멀리했기 때문에 일반 학교 친구들이 연예인이나 아이돌 노래를 얘기할 때면 네가 알아들을 수 있는 내용이 하나도 없었던 거야. 아이들 사이에 낄 수 없었던 너는 열심히 귀동냥하고 연예인 이름도 외우고, 모르는 티를 안 내려고 무척 노력했다고 했어. 그때 너무 힘들었었다는 걸 나중에 웃으며 얘기했었지. 그렇게 친구들 속에 스며들었고, 공부도 열심히, 노는 것도 열심히, 땀을 뻘뻘 흘려가며 학교생활에 잘 적응하는 네가 엄만 너무 기특했단다.

학교에 다닌 지 얼마 안 된 어느 날 네가 아파서 열 때문에 얼굴이 벌게졌는데 몹시 아프면 선생님께 말씀드리고 일찍 오라 하고는 일단 학교엘 보냈어. 난 감기일 거로 생각했고 네가 그 정도쯤은 아무렇지도 않게 여기고 평소처럼 헤헤 웃으며 하교하리라 생각했지. 사실 어렵사리 일반 학교에 보냈던 터라 웬만큼 안착할 때까지는 결석 없이 버텨주기를 바랐던 거야. 1교시를 마치고 담임선생님께서 전화하셨어. 네가 너무 아파 보이니 얼른 병원에 데리고 가라고 말이야. 이렇게 열이 많이 나는데 무슨 학교를 보냈냐고 혼내시면서. 병원에 가보니 열이 39도

이고 병명은 성홍열이었어…. 너도 너무 아팠을 거고 전염성도 있어 학교에 보내면 안 되었던 거야. ㅠㅠ

 우리 집 보일러실 앞 그 자리 알지? 보일러 선이 처음 시작되는 곳이어서 밸브 앞 한 평 정도 되는 면적이 옛날 온돌방 아랫목처럼 뜨끈뜨끈했잖아. 넌 몸이 안 좋을 때면 꼭 거기에 누워 만화책 보다가, 엄마랑 이야기 나누다가 스르르 잠이 들고 그렇게 하루면 거뜬히 나았었는데 그날은 고열로 몸이 축 처져 이틀을 내리 잠만 잤지. 보통은 지수가 자주 아팠으니까 엄만 온통 거기에만 신경 쓰고 상원인 쇠로 만든 아이인 양 늘 건강하다고만 생각하고 정신력이 더 강해져야 한다며 오히려 다그쳤었는데… 얼마나 미안하던지 누워있는 너에게 "상원아, 미안해, 엄마가 미안해"를 수십 번 말했던 것 같아.

 괜찮다며 씨익 웃던 너의 그 선한 눈매가 너무 보고 싶구나….

<꿈 속에서 하고 싶은 일>
1. 어머니,아버지, 윤영이랑 하루 종일 놀고싶다.
2. 강아지를 키우고 싶다.
3. 왕이 되서 나라를 잘 다스리고 싶다.
4. 영도를 불피고 싶다.
5. 새로운 발명품을 만들고 싶다.

2009년 7월 24일 화요일 날씨

일어난 시간　　　잠드는 시간

외출을자다와서 태권도에 갔다. 태권도에 가서 버린 5시분데 왠지 6시부로느껴졌다. 왜냐 하면 평소에 5시부에 안 오던 동현이도 왔다. 그리고 안직 못 본 사람오 있었다. 하지만 정확히 5시 부는 맞다. 왜냐하면 내가 4시에 왔기때문에 히히히....

오늘한 일　　　내일할 일

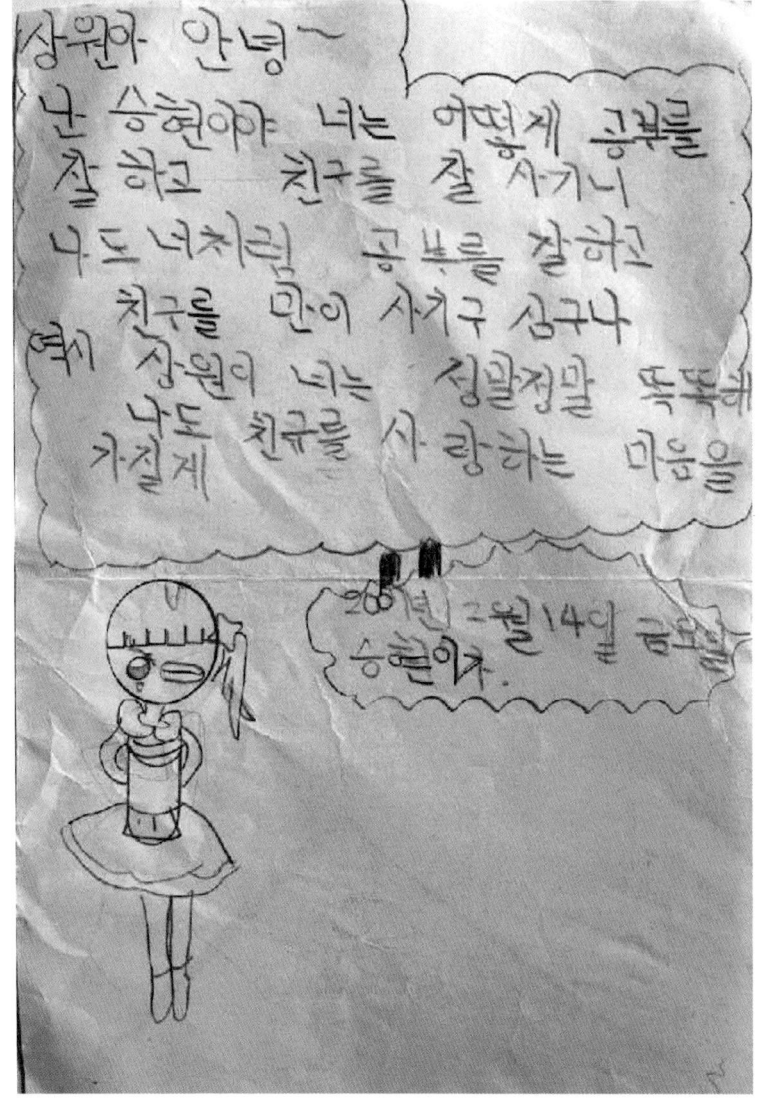

상원아 안녕~
난 승현이야 너는 어떻게 공부를
잘 하고 친구를 잘 사기니
나도 너처럼 공부를 잘하고
친구를 많이 사귀고 싶구나
애 상원아 너는 정말정말 똑똑해
나도 친구를 사랑하는 마음을
가질게

20○○년 2월 14일 금요일
승현이가.

관악산 아래 붉은 벽돌집에서

상원 9살
2008

네가 초등학교 시절에 살던 우리 집은 지은 지 20년이 넘은 오래된 주택이어서 외풍이 세고 수압도 약해 살기에 불편한 점이 많았지. 하지만 그 집을 추억하는 일은 언제나 즐거운 일이었어. 사무실 일 하면서 어린 상원이, 지수 돌보고, 집 옆 빈터에서 생전 처음 밭농사라는 것까지 짓고 있어서 사실 몸이 아주 바쁠 때였는데 누군가가 그랬

어…. 이 시절이 너무나 빨리 지나가니 바쁘고 힘들다는 소리 하지 말라고…. 지나고 나면 얼마나 소중했는지 알게 될 거라고…. 정말이지 그렇더구나.

 처음 이사 갔을 때 집 마당은 돌보는 사람이 없는지 잡초가 무성했고 주인 없는 고장 난 자전거가 굴러다니고 있어서 우리는 그 마당을 정상화 시키는 데 많은 공을 들여야 했어. 잡초를 뽑은 자리엔 박하 향 허브를 심고 자갈을 일일이 골라내서 포근포근한 흙을 밟을 수 있게 했지. 허브향이 나는 담벼락 중간에는 널찍한 돌을 몇 개 놓아 펑퍼짐하게 앉아서 맞은편에 심어놓은 꽃을 보며 아이스크림을 먹을 수도 있었잖아. 풍성한 단풍나무 아래에는 평상을 두었는데 키 작은 울타리 나무가 자연스레 마당을 반쯤 가려주어 평상에 드러누워 발을 까딱거리다가 살짝 졸아도 좋을 만큼 아늑했어. 거기에서 상원이는 새참도 먹고 친구랑 엎드려 게임도 하며 놀았지. 수돗가 옆 앵두나무에는 빨간 열매가 탐스럽게 열렸고 2층 우리 집으로 올라가는 계단 옆 땅을 조금 일구어 만든 딸기 화단에서는 딸기 새순이 깡총거리며 번져갔고 아직 연두색이 한참 남은 딸기 맛이 궁금해서 성급하게 하나 따먹으면 그 신맛, 풋내까지도 맛있게 느껴졌어. 돈으로 살 수 없는 맛이었지.
 자투리땅에는 토끼 레빈슨을 위한 토끼장이 있었지. 레빈슨은 기운이

시의 날개를 타고

고현초등학교 2학년 2반 이름 (최상원)

실천과제 ⑧ 자작시 짓기

관련 인성 덕목 실천한 날 9/24

시인이 되어 이 주의 자작시를 쓰고, 시화로 꾸며 볼까요?

| 도움말 | 생각열기 | ☞ 글감, 주제 찾기 | ☞ 개요 짜기 | ☞ 표현방법 찾기 |

용

최상원

용이 어찌 못속의

물건이랴 꼬리에 꼬리를

물고 오르려 하네 한 때

작은 물고기 였지만 지금은

하늘로 오르려 하네

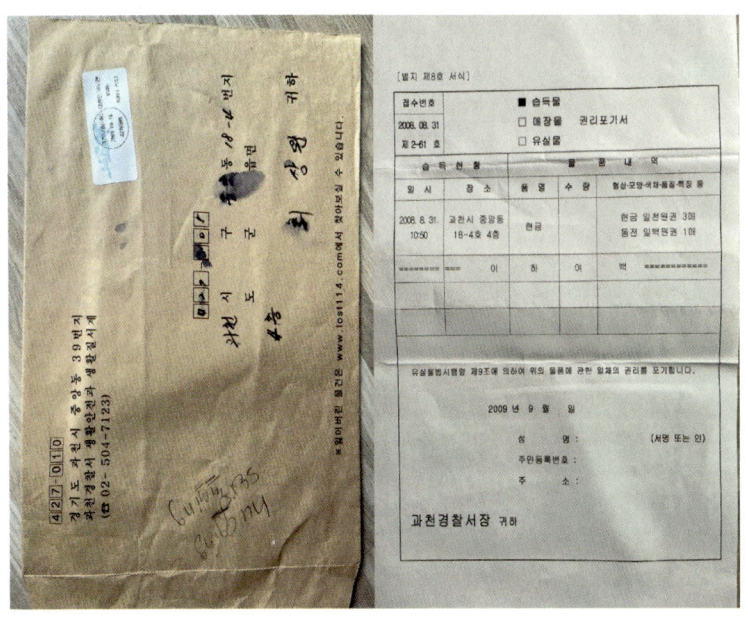

넘치던 수컷 토끼였고 결혼도 시켰는데 아쉽게도 새끼를 보진 못했어. 대신 땅굴을 2미터도 넘게 파고 들어가서 옆집 담 너머까지 진출하는 기염을 토했지. 잘 먹고 잘 싸고 잘 뛰던 레빈슨. 마당에서 캠핑했던 것도 기억하니? 낡은 텐트였지만 쳐 놓고 보니 근사해서 친구들과 엄청나게 신나 했었지. 경훈이, 성호, 정호와 몇 시간을 골목에서 축구하고는 들어와서 넷이 쪼르륵 누워서 만화책 보고 라면도 먹고 늦도록 낄낄거리고 놀더라. 지수가 그 사이에 끼고 싶어 하는 걸 말리느라 혼났었어. 마당 평상에 앉아 밭에서 따온 것들을 다듬고 있으면 자전거 타고 동네를 한 바퀴 휘~하고 돌고 와서는 "엄마, 밥~"하던 목소리가 들리는 것 같구나.

강아지를 키우고 싶어 하는 너랑 지수가 몇 달이나 졸라서 잘 돌보아

주겠다는 다짐을 받고 충무로에 가서 한 마리를 데려오던 날, 우리 집 반경 2km 이내에 사는 네 친구들은 다 온 것 같았어. 말리노이즈 종은 본디 경찰견이 될 정도로 충성스럽고 아이큐도 높다고 사장님이 얘기하셨지만, 셰퍼드처럼 사납게 생긴데다가 덩치가 너무 커질 것 같아 엄마는 감당할 자신이 없었어. 하지만 고개를 갸우뚱하고 앞발을 까딱이면서 장난기 있어 보이는 이 아이를 너흰 맘에 들어 했지. 그렇게 똘이는 우리에게 오게 되었고 마당 한 편에 놓인 번듯한 개집의 주인이 되었어. 이사 온 집이라고 낯설어하지도 않고 똘이도 바로 새 환경에 적응을 잘했지. 네 친구들은 하교 후면 우리 집으로 몰려와서 용돈으로 사 온 간식도 주고 똘이 목줄을 번갈아 잡고 골목을 누볐어. 그런데 똘이가 너무너무 빨리 자라서 우리 집에 온 지 서너 달밖에 안 된 것 같은데도 금세 지수보다도 몸집이 더 커졌지 뭐야. 예방접종을 한 번 맞히려 해도 동물병원까지 데리고 가는 것도 큰일이었고 사람만 지나가면 새벽, 한밤중 아랑곳없이 짖어 대서 근처 아파트에 사는 고3 수험생 엄마의 항의가 빗발쳤지. 게다가 지수가 꼬마라고 얕잡아 본 건지 엉덩이를 무는 바람에 어쩔 수 없이 냉정한 결단을 내려야만 했어. 옆집 사는 아주머니의 친척이 운영하는 농장 지킴이로 보내던 날, 아무것도 모르는 똘이는 나들이라도 가는 줄 아는 건지 신나서 펄쩍거렸고 그럴수록 우린 더 마음이 착잡했어. 그렇게 우리의 첫 강아지랑 이별을 했다.

흙에서 자라는 것들

상원 10살
2009

우리 집 옆 빈터는 새로 건물을 신축하기 전까지 밭으로 사용할 수 있어서 참 좋았어. 한 필지가 넘는 면적이어서 심고 싶은 웬만한 것은 다 심을 수 있었지. 상추, 고추는 기본이고 감자, 고구마, 오이, 가지, 토마토, 부추, 대파, 당근, 땅콩, 브로콜리와 옥수수까지 우리 먹을 것에 이웃이랑 나눠 먹을 분량까지 충분하게 생각해서 씨 뿌리고 모종 심고 대 세우고 잡초 뽑고 아이 몇 명은 더 키우는 듯 손이 많이 갔지만 초록의 기운을 받아서일까 그렇게 힘들다는 생각은 들지 않았어. 엄마가 밭에서 일하고 있으면 네가 친구들과 축구하고 놀다 들어와 물도 주고 저녁에 먹을 반찬으로 고추도 따고 감자도 캐곤 했지. 지렁이나 벌레를 보고 놀라지 않는 것은 그때 밭에서 하도 많이 봐서

그런가 봐.

 가을걷이하고 난 뒤 잡초 태우자고 하면 신이 나서 어디선가 마른 나뭇가지를 엄청 모아 왔어. 장작 알불 밑에 포일로 싼 감자와 고구마를 넣어두고 한참을 땅도 파고 돌 던지고 놀다 보면 감자 익는 냄새가 솔솔 코를 간지럽게 했지. 밭 둔덕에 대충 자리 잡고 앉아 얼굴에 검댕이 묻은 줄도 모르고 몇 개씩이나 감자를 까먹곤 했는데 그러고도 집에 올라가서 밥 한 그릇을 뚝딱 해치웠던 걸 보면 그 해 네가 엄청나게 자랐던 것 같아.

 김 윤심 담임선생님께서는 미술을 전공하셔서 너는 수업이 끝나고 방과 후 수업으로 선생님께 미술을 배웠더랬지. 주로 수묵화를 하신다면서 인제 중학년이 되었으니까 차분해지도록 특히 남자애들이 좀 배웠으면 좋겠다고 하셨어. 그림을 그리면서 이 얘기 저 얘기 나누다 보면 네가 동생 이야기를 하도 많이 해서 선생님도 지수가 꼭 아는 애 같다 하시며 상원이가 동생을 무척 아끼는 것 같다고 하셨지. 선생님께서는 너를 믿음직스럽게 생각하셨고 네가 앞으로 어떻게 성장할지 궁금하다 하셨어.

"Hi, My name is Jimmy."

상원 11살
2010

  4학년이 되는 겨울방학에 너는 단기 영어연수를 하러 가게 됐어. 애크미 연수원을 통해 10명의 아이와 뉴질랜드에 가게 됐는데 그중에서 네가 제일 막내였지. 너와 동갑이었던 친구는 형이랑 함께 가는 것이었으니 집에서 멀리 떨어져 지내기 힘든 건 너일 거라며 인솔하시는 선생님께서는 특별히 신경 쓰겠다고 하셨어. 가기 전 한 달 간 필리핀 선생님과 영상통화로 수업했는데 선생님은 네가 어린 나이지만 열심이라면서 "Jimmy"를 무척 귀여워하셨어. 짧은 기간이지만 유익한 수업이 될 수 있도록 준비도 많이 해오셨더랬지.

 6주로 예정된 뉴질랜드 스쿨링캠프를 가던 날, 공항에서 동행하는 형들과 처음 인사를 나눴고 다행히 그리 긴장하는 내색이 안 보여서 엄마는 걱정을 한시름 놓았단다. 팀원 중 막내 두 명이 연수 학교 교장 선생님 댁에서 홈스테이하게 되었고 그 집에는 한 살 어린 티아키라는 동생도 있어 잘 됐다 싶었어.

 뉴질랜드에서의 일정은 오전엔 영어 수업, 오후엔 놀이 활동을 하고, 주말엔 시내에 나가 한식도 먹고 관광지도 돌아보는 시간을 가진다고 했어. 일요일엔 세탁물도 정리하고 홈스테이 가정의 가족들과 지내고

말이야.

 큰 어려움 없이 잘 지내고 있다고 들었는데 중간에 딱 한 번 통화가 연결된 날, 너는 딴 건 괜찮은데 음식이 너무 입에 맞지 않는다고 했지. 매일 점심 도시락으로 샌드위치를 싸주셨는데 맛이 "우웩!" 이라면서 안에 든 내용물은 거의 버리고 빈 빵만 먹는다고 했어. 그러니 주말에 먹는 한식이 얼마나 맛있었겠니. 집에 돌아와서도 한동안은 쌀밥에 김치만 주어도 꿀맛이라며 엄청나게 잘 먹었었지. 나중에 들어보니 일요일 저녁 홈스테이 가정에서 다 같이 식사하는 자리에서 함께 지내던 친구가 결국 구토를 했고, 너도 토사물이 목구멍까지 찼는데 둘이 그러는 게 너무 실례인 것 같아서 억지로 눌러 삼켰다고 했어. 갑자기 대한민국 대표로 왔다는 생각까지 들면서…. 얘기를 들을 땐 잘했다고만 했지만 그렇게 남에게 폐를 안 끼치려 고생하다니 많이 컸다고 생각하면서도 안쓰럽고 그랬어.

네가 애쓴 걸 교장선생님도 아셨는지 나중에 인사차 전화 드리니 네가 막내인데도 의젓했다며 칭찬을 많이 하셨어. 집을 떠나 새로운 환경에서도 해야 할 일 하고 사람들과 잘 지내다 와줘서 고마웠지. 영어는 가기 전에 했던 레벨 테스트 점수보다 단 2점이 올랐을 뿐이어서 힘만 들고 괜한 짓 했구나 하고 웃었어. 영어 점수보단 식욕이 올라서 오동

통한 살을 덤으로 얻었지. ㅎ

4학년 학기 중에는 「교통안전 캠페인」의 일환으로 도별 영상대회가 있었는데 네가 우리 반대표를 맡게 되었어. 지원자를 받고 팀을 이루어 콘티를 짜고 촬영장소 섭외와 일정 조정 등 할 일이 많았는데 다행히 학부모님 중에 어린이집 원장님이 계셔서 서울 어린이 교통안전 체험관에서 촬영할 수 있도록 도움을 주셨지. 12명의 친구와 하루 종일 연습하고 촬영하고 끝나고 더 놀겠다는 말이 더 안 나올 만큼 녹초가 되어 돌아왔어. 촬영 영상을 돌려보니 그렇게 잘 떠들고 놀던 아이들도 "큐"하고 카메라 사인만 들어가면 그대로 얼어서 국어책을 읽는 통에 다시 하고 다시 하고 서로 너나 잘하라며 투닥이고, 연기하다 실수해서 깔깔 웃고 아무튼 재미있는 체험을 한 것 같아. 대회에 영상을 제출하는 데에 의의를 두고 했는데 생각지도 않게 입상하게 되어서 경기도 대표로 전국대회까지 나가게 되었지. 그렇게 큰 규모의 대회를 나가려면 영상을 훨씬 더 업그레이드해야 했기에 거기서 그쳤지만, 대표를 맡은 행사에서 좋은 결과까지 얻게 되어 뿌듯했어. 그때의 경험이 네가 초등 5학년 때부터 중등, 고등학교 다니는 내내 방송반을 하게 되고, 대학도 언론정보학을 전공으로 선택하게 된 출발점이 된 것 같아.

2010 년 3월 14일 일요일 날씨

오늘은 등산을 했다. 연주암 까지 갔는데 조금힘들었다. 그리고 황당했다. 왜냐하면 어머니께서 고작 콘프라이짜 연주암에 있는 자판기에서 꺼내 먹자고 주기까지 간 것이다! 나는 거의 질질 끌려 갔다. 오늘은 운이 고가 없나보다.

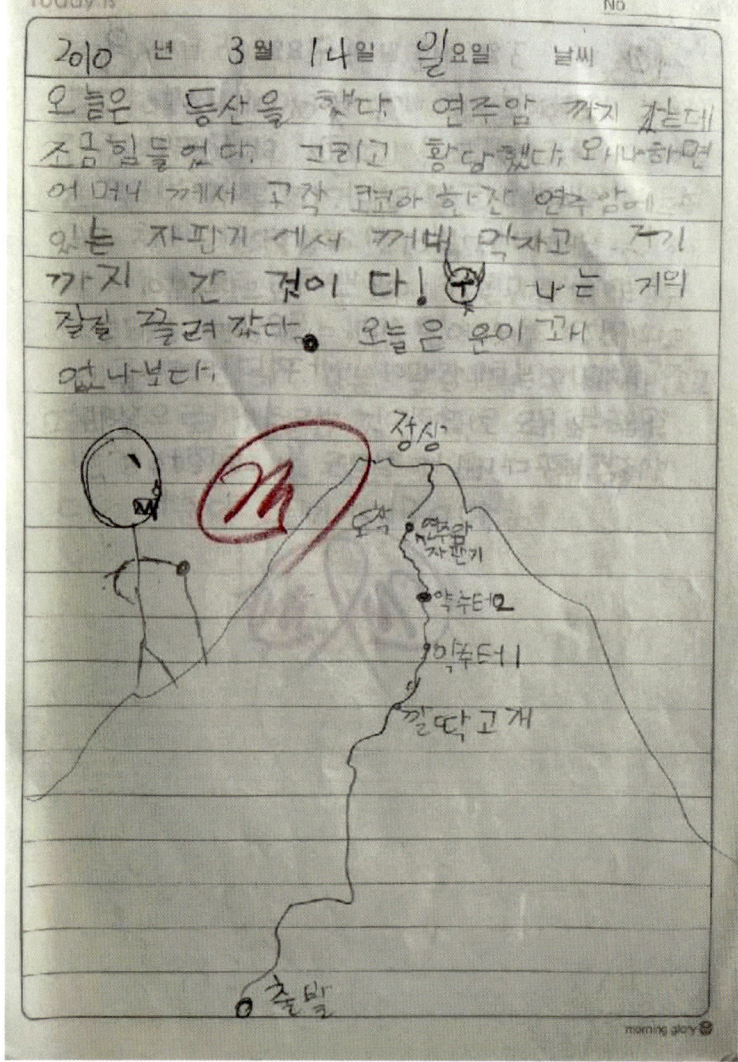

2009년 3월 28일 일요일 날씨 ☁

오늘 또 산에 갔다. 또! 또 나는 질질 끌려갔고 질질 끌려 내려왔다. 다른 것 할것도 많은데 왜 하필 산이냐고요! 힘들었다. 어머니는 이제 아주 일요일 마다 산에 가자신다. 정말 미쳐겠다.

재미있게 썼네요!   3/29

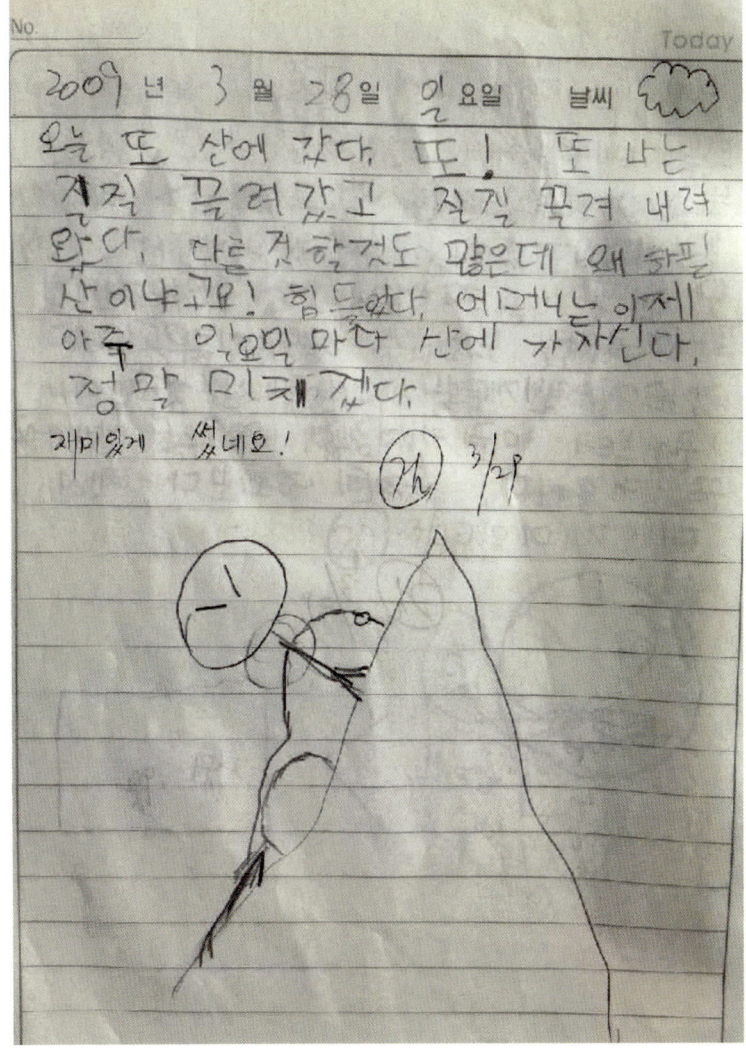

5학년 3반 14번

상원 12살
2011

돌이켜보면 엄마도 초등학교 5학년 때가 참 재밌었는데 상원이도 그랬을 것 같아. 12살, 어른들의 세계를 좀 아는 것도 같고 모르는 것도 같은, 아직은 세상에 대한 느낌이 말랑말랑했던 때지. 6학년만 되어도 초등학생이기보다는 예비 중학생 같은 생각이 들어 여러 가지 부담감이 생길 수도 있지만 5학년은 아직 마냥 놀 수 있는 나이니까 하루가 그냥 지나가는 게 아까울 정도였어. 게다가 너희 반에 친했던

친구들이 많아서 더 즐거운 1년이 될 것 같더라. 재영, 용훈, 현준, 혁민, 승현, 요한…, 최 승희 담임선생님은 밝고 활기찬 선생님이셨고 너희들과 소통이 잘되는 선생님이셔서 옆에서 보는 나도 너의 5학년 생활이 기대되었었단다.

 수원 화성으로 현장 체험학습을 가는 버스 안에서 휴대전화가 없던 너와 재영이는 같이 앉아 이야기도 하고 간식도 먹으며 오히려 더 재미있게 갔다고 했지. 용훈이 집에 놀러 갔는데 용훈이와 승현이가 자기가 키우던 병아리 앞에서 치킨을 먹고 있어 깜짝 놀랐던 일, 할로윈데이에 해골 가면을 쓰고 8단지 아파트를 돌며 사탕을 얻었던 일, 우리 집 아래에 깊은 지하실이 있어서 친구들과 담력 테스트한다고 갔다가 알 수 없는 큰 소리가 들려 혼비백산하고 뛰쳐나온 일 등 저녁 먹는 밥상에서 하루를 이야기하는 너의 눈은 즐거움으로 반짝였었어.

 까불며 놀기도 많이 했지만, 공부도 열심히 하고 피아노도, 합기도도 열심히 했지. 피아노는 악보를 잘 볼 줄 몰랐는데 곡 전체를 외워서

치니까 굉장히 잘 치는 것 같은 생각이 들었는데 특히 네가 연주해 주는 「인생의 회전목마」가 좋았어. 엄마가 억지로 「모차르트록 오페라」 같은 공연 실황 영화를 보자고 데리고 가면 툴툴거리면서도 집으로 돌아오는 길에는 어떤 음악이 어떤 부분이 좋았다며 제법 아는 것 같이 얘기를 했었지. 「이 루마 & 유키 구라모토」 협연을 듣고 와서는 한참 동안 뉴에이지에 심취했었고 재즈곡도 좋아했고. 입시 공부에 힘들고 지쳤을 때는 건반을 한바탕 두드리고 나면 새 힘이 돋는다고 했지.

작은 아빠 가족과 함께 여행을 간 것 기억하지? 우리 집 첫째인 상원이는 형이 없어서 그런지 사촌 형들을 잘 따랐고 형들도 이미 고등학생이 되었지만, 초등학생 상원이를 잘 챙겨주었어. 발리는 우리가 세 번째로 해외여행을 간 곳인데 액티비티 할 것도 많고 호텔 수영장도 좋아서 재미있는 일이 많을 것 같았어.

너는 발리 여행에서 래프팅을 제일 좋아했던 것 같아. 천 개나 되는 듯 엄청나게 길어 보였던 계단을 따라 한참을 내려가니 강이 보였고 급류 속에 보트가 매달려 있었어. 5분간 위험에 대비한 주의 사항을 듣고 바로 보트에 올라탔지. 우리 보트에 탄 현지인 가이드 아저씨가 대장이었던지 다른 배에 수신호를 하고는 제일 먼저 거센 물살을 따라 내려갔어. 엄마는 혹시나 지수가 배에서 떨어질까 봐 지수 옷을 꼭 붙잡고 있느라 손이 다 아팠어. 중간 중간에 바위들이 있고 물살이 세서 보트는 금방이라도 뒤집힐 듯 위태롭게 흘러갔지만, 우리 가이드 아저씨는 노련했지. 다른 팀은 보트가 뒤집히기도 해서 우리가 엄청나게 놀랐었잖아. 작은 폭포가 있었는데 물 바깥에서 보면 어떨지 몰라도 작은 보트에 옹기종기 타고 있던 우리에게 그 폭포는 나이아가라와도 같았어. 낙엽 위에 올라탄 개미가 되어 고층 빌딩에서 떨어지는 듯 괴성을 있는 대로 질러댔지만 길게만 느껴졌던 시간은 순식간에 지났고 어느새 보트는 평온하기 그지없는 종착지에 다다라 있었지.

후들후들한 다리를 잡고 겨우 내리니 우리 눈앞에는 올라가야 할 천 개의 계단이 놓여 있었어. 허걱하고 숨이 막혔는데 너야 어떻게든 올라갈 수 있다 해도 지수가 걱정이었지. 그런데 가이드 아저씨가 '척'하니 지수를 어깨에 올려 태운 채 계단을 올라가기 시작했어. 체구가 작다지만 제법 무거웠을 텐데 한 번 쉬지도 않고 말도 없이 올라가기만 했지.

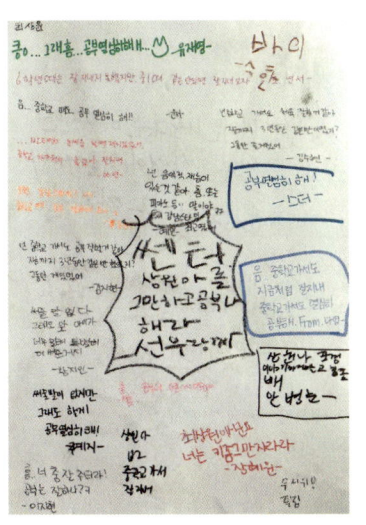
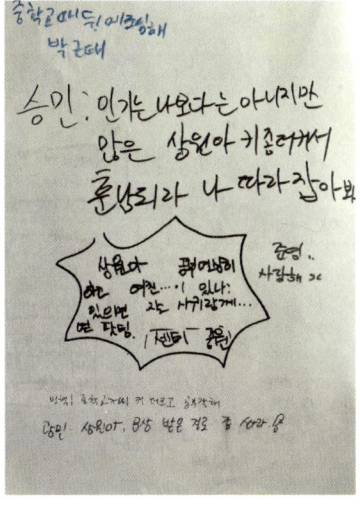

지수는 래프팅보다 아저씨 어깨 위에서 출렁대며 계단을 올라가는 것을 더 좋아했어. 무사히 지상으로 올라와서 감사의 인사로 드리는 소액의 팁도 한사코 안 받으시던 발리 아저씨. 착하고 순박한 사람들, 맛있는 음식들, 형들과 한 침대에서 뒹굴뒹굴했던 시간들…. 즐거운 추억이 아롱아롱 쌓인 여행이었어.

> 최상원
>
> 상원이의 장점은 수학적으로 말하자면 상원이의 전체는 황금비율처럼 똑바르기 때문에 이 있으면 밸런스가 유지되는 것 같아서 좋다. 또 수학적으로 헤어스타일을 보면 머리카락 수가 많아 얼굴도 황금비율 같아서 좋다. 그리고 옆에 있기만 해도 무한대로 느러져있는 수가 애워 싼것처럼 든든해서 좋다. 어쨌든 상원이는 수학적인 아주 수학적인 아이이다. 그래서 우리를 웃겨주고 든든하게 해준다.

상어니의 장점 11가지

1, 참을성이 많다; 왠만한 놀림은 다 받아준다. 1+5=6
2, 항상 곁에있다 ^^; 항상 곁에서 막 해준다. 4+2=6
3, 항상 공평하다; 어떤것이어도 나눈다. 6÷3=2
4, 힘이세다; 내가 아는 친구들중에 힘이가장 세다. ∞
5, 수학을 잘한다; 내가 모르는 문제들을 계속 푼다.
6, 싸움을 말린다; 나랑다르게 싸움을 말린다. 1-1=NO
7, 나랑절친이다 ♡; 1+4=5
8, 힘이된다; 항상 나랑 친구들에게 힘이된다. ∞+∞
9, 운동을 잘한다; 내 친구들은 다 운동을 잘하지만 그중에서도 상원이는 특히 잘한다.
10, 키가크다; 나보다 키가크다 나<상원
11, 집이가깝다; 집이가까워서 항상 같이 있다

참 잘했어요

사춘기라고?

상원 13살
2012

　　6학년 때는 젊은 남자 선생님이 담임이 되셨지. 한경완 선생님은 기타를 잘 치셨고 너희 반은 꽤 자유스러운 분위기로 선생님의 기타 연주에 맞춰 노래도 자주 불렀어. 큰 애를 중고등 학교에 보내던 일부 엄마들은 중학생이 돼서 공부를 잘하려면 6학년 때부터 학습 습관이 잘 잡혀야 한다며 담임선생님이 아이들을 매섭게 관리하셨던 옆 반을 은근히 부러워하기도 했지. 엄마는 오히려 반가웠는데 아무래도 반 분위기가 더 활기차고 너희들에게 고민이 생기면 남자 선생님이 더 잘 이해하시지 않을까 생각했거든. 그때쯤 너도 사춘기가 시작되었는지 살짝 짜증이 늘고 엄마에게 말하지 않는 일들도 생긴 것 같아서 말이야.

　선생님의 영향인지 너는 기타를 제대로 배워보고 싶다고 했지. 시내에 있는 기타학원에 가서 상담을 받아보니 독주 반은 레슨비가 꽤 비싸서 엄마는 너에게 합주 반에 들어가라 했어. 아무래도 다 같이 진도를 맞추어야 하니 정작 네가 원하는 것은 할 기회가 별로 없었겠지. 너는 몇 번 다니다가는 그만두고 기타는 구석에 처박아 두었어. 원하는 것을 다 들어줄 수는 없는 노릇이어서 모른 척하고 있었는데 웬만해선 중도 포기를 안 하는 아이라 뭐가 많이 맘에 안 드는가 보구나했어.

 나중에 네가 쓴 글을 보니 그 당시 너의 마음은 별일 아닌 것에도 붉으락푸르락하고 아침 다르고 저녁 다르고 그랬었더라. 보통 사춘기를 질풍노도의 시기라 말하듯 성난 감정이 파도 마냥 휩쓸고 지나가는데, 너도 너의 마음을 잘 모르겠고, 딱히 속마음을 터놓고 얘기할 곳도 없어 혼자 안절부절못했던 것 같아. 너의 표현에 따르면 지킬과 하이드 같았던 때였지. 순순하게 마음을 풀어낼 방법을 몰랐던 너는 다른 누군가를 탓하지도 않고 스스로를 자책하기만 했더라고. 내가 나 안 같다, 내가 왜 이러는지 모르겠다고. 성실하고 착하다는 남들의 평가와 안에서 들끓는 속마음 사이에서 불안하게 시소를 타며 버텼던 너는 당연하고도 자연스러운 성장의 과정을 몹시도 힘들여 건너고 있었던 거야. 큰 것 같지만 아직 어린 너를 더 많이 안아줬더라면, 흔들려도 괜찮다고 말해줬더라면 네가 덜 힘들었을 텐데…. 이제는 소용없는 후회를 끝없이 하고 있는 엄마가 바보 같구나.

> No
> Date 2012. 11. 20
>
> 화가난다. 오늘참기도 뭐고 지윤이 형이 음료수를 사줘서
> 먹으면서 얘기하면서 천천히 왔는데 집에 늦게 들어왔다고
> 혼났다. 짜증이 났다. 난 아주 애기가 아니다. 나는 지킬과 하이드
> 가 나랑 비슷하다고 생각한다. 하이드의 마음을 알것 같다. 오래전
> 부터 생각했었다. 지금 나는 하이드다. 언제든지 욕이 튀어나올수
> 있고 싫으면 가출할건도 모른다. 그런데 나는 좀 무섭다. 언젠가
> 하이드가 지킬을 삼켜 버리지도 모르기 때문에. 이 두얼굴로 사는
> 것도 이제 지친다. 어떻게 해야 좋을까? 언제쯤이 가면을
> 벗어 던질수 있을까? 나도 그게 의문이다. 나는 카톡도 했으면

낙엽은
나무를
떠날 때
자유를
느낀다

과천중 아싸에서 인싸로

상원 14-16살
2013-2015

중학생 시절이 아마도 상원이의 24해 동안 가장 격동의 시절이었던 것 같아. 과천에 흩어져 있는 4개 초에 다니던 아이들이 한 데 섞여 중학교에 배정받았으니 태어나서부터 행동반경이 줄곧 과천 중앙동뿐이었던 너로서는 사뭇 다른 분위기를 느꼈을 거야. 초등 때 같이 놀던 아이들과는 색깔이 좀 다른 껄렁한 친구들이 하는 행동들이 재밌기도, 부럽기도 했겠지. 그래서인가…, 너는 그 친구들에게 폭 빠졌어.

 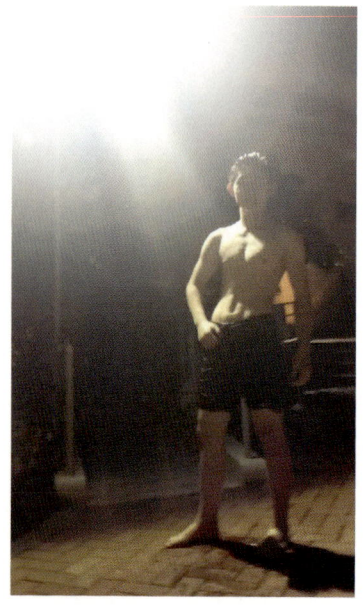

즐거운 체육대회 알록달록한 반티를 입고, 축제 공연 중 장난기가 발동한 여사친의 기습, 친구들과 어울리다가 선글라스 끼고 폼도 잡아보고, 과천시 대표로 유도 대회에 나가기 위해 운동하던 몸짱 시절.

몸이 자라면서 두려운 것도 좀 사라지고 넘치는 에너지를 쓰기에는 집과 학교가 너무 좁게 느껴졌을 테니까 그동안의 착실한 모범생 이미지에서 벗어나 소소한 일탈을 해보는 것은 매우 짜릿한 경험이 되었겠지. 2학년 때 담임이셨던 권 윤상 선생님께 상담하러 갔더니 네가 운이 좋은 건지, 머리가 좋은 건지 모르겠지만 분명 여러 아이들과 함께 사고를 친 것 같은데 너는 현장에서 잡히지 않는다며 상원이는 조금만 이끌어 주면 잘할 수 있는 아이니 기다려 보자고 말씀하셨어. 너를 믿어 주시는 선생님께 정말 감사한 마음이 들었단다.

한참을 밖으로 돌 것만 같았는데 그 친구들과는 결이 좀 달랐던 건지 얼마 안 가서 서로 거리를 두는 것 같았어. 학년이 올라갈수록 친구들의 행동은 대담해지고 똑같이 하자니 꺼려지고 거기에 너는 많은 갈등을 느꼈던 것 같아. 다행히 네 주변에는 다른 좋은 친구들이 많이 있었고 그 아이들과 축구하고 까불고 놀며 원래의 너로 다시 돌아올 수 있었어. 지난 10년간 우리 가족의 추억이 쌓였던 마당 있는 벽돌집 생활을 정리하고 작은 빌라로 이사를 하게 됐는데, 너는 크게 개의치 않고 친구들을 집으로 데리고 와서는 좁은 방에서 복닥거리며 놀곤 했지. 가끔 다른 친구 집에 가서는 술도 마셔보고 담배도 피워보고 그런 것 같긴 했다만 순간의 호기심일 거라 생각되었어. 마음이 덜그럭거렸

항상 믿고 응원해 주시는 선생님들 덕분에 학교생활에 안착할 수 있었지, 3년간 동고동락했던 방송반 선후배들.

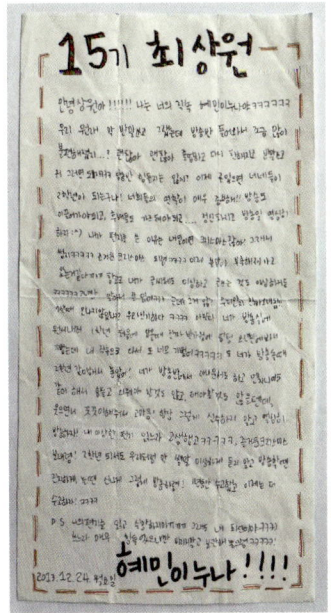

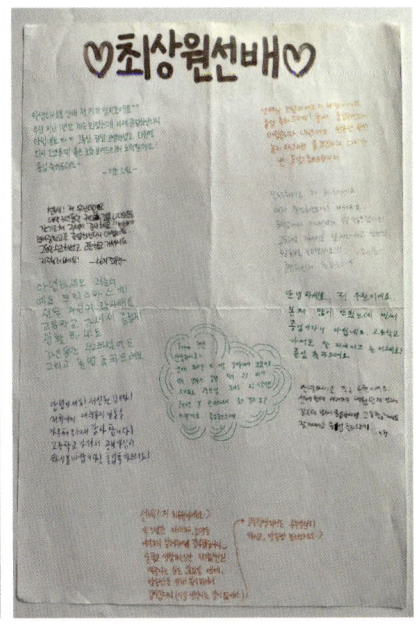

"What a wonderful world."

상원이에게

상원아 안녕~?! 우선, 하루 지나긴 했지만, 생일, 진심으로 축하한다!
친구들이랑, 가족이랑 즐거운 시간 보냈니? 쌤은 상원이가 생일이래서 생일빵 300으로
대신하고 명훈이한테 묵음터니 생일 지났다길래 너 김선진 줄 알았더니, 너네 당일쌤 말씀이
생일 맞다고...... 따르..너 명훈이랑 친한 거 맞냐? ㅎㅎ

암튼, 우리반 아이들 생일 선물(?) 준비하면서 깊이 생각나서 상원이 것도 준비했어
완전 고맙지?! 앞으로 여자 사진에 너 역할히 해가겠다는 생각이 팍팍 들지 않니? ㅋㅋ
뭐, 상원이는 지금도 충분히 훌륭하게 잘 하고 있어서 쌤이 자랑하려니 입 아프지만,
앞으로도 잘 부탁해^^; 사실 이번 2학년이 작년보다 너무 적다는 얘기 하도 많이 들어서
긴장하게도 했는데, 다행히 6반에서는 상원이도 그렇고, 분위기를 잘 지켜주는 친구들이
있어서 참 든든하고 고맙더라구^^; 앞으로도 쭉... ㅎㅎ

이제 2학년이 된 지도 한 달이 지났는데, 상원이에게 2학년은, 그리고 3월은
어떤 느낌이었니? 적응하느라 다소 바빴을거니? 사람들은 2학년보다 만했대 고3병을
가장 먼저 얘기하다하곤 하지만, 쌤이 생각하기에 고2, "중3"라는 시기가 그만큼 에너지도, 열정도
많지만 고민도 많기 때문인 것 같아. 모든 건 생각하기에 달렸다고, 중2로 혼란으로 보기보다
더욱 성장하기 위한 준비를 하는 속 안에서 깨어 나오기 위해 갑갑함 속에서 발버둥치는
시기라고 본다면 중2는 엄청난 기회의 시기일듯도 해. 그걸 꾸준히 중요한 시기를
지금 상원이가 지나고 있다는 것이고^^; 늘 모든 일에 (방송반이건, 친구들이건, 수업이건)
최선을 다하고 의욕도 지키는 상원이라서, 쌤은 너 믿고 또 바라는 부분들이 생긴데~

다른 친구들도 그렇고, 쌤은 상원이에게도 이 시간들이
너 훌쩍 더 멀리 나아가기 위한 발판을 마련하는 시기가
되었으면 해. 어려움에 있어서도 주저앉기보다 당당히 맞선 수
있는 용기를 배우고, 실패에서 깨달음을 얻고,
더 넓게 살아가는 마음을 다져내는 시간이기를 바란다
쌤이 본 우리 상원이라면 정말 잘, 열심히 해낼거라고
믿어. "방송반 연장"이라는 2학년 교복을 곡식 타이틀이 길이로
더해가면서 상원이만의 멋진 고2를 그려내길!
늘 부서지도록 푸르는, 봄날처럼 한 땀이 따스한 상원이의 연애시간은
언제나 응원한다 라이터6! 일년동안 잘 부탁해 ㅎㅎ ☺

2014. 4. 6.
열혈 연장 담임쌤 전세시쌤가슴

던 사춘기 시절이 어느덧 지나가고 이제는 네 안에 그 무엇도 침범할 수 없는 중심이 세워진 것 같아 크게 걱정되지 않더라. 재영, 태우, 창섭, 동현, 현준, 이창…. 힘들었을 때 너와 함께해 준 친구들이 참 고마웠고. 그런 와중에도 방송반 활동을 열심히 한 것이 도움이 되었던 것 같아. 네가 학교에 다시 마음을 붙일 수 있었던 것은 놀면서도 맡은 바 책임은 끝까지 완수하려다 보니 선생님들께도, 친구들한테도 인정받게 되면서 학교가 재밌어지고 더 잘하고 싶은 욕심도 생기고 그랬던 것 같아. 방송반 얼짱이라는 애칭을 붙여주시며 널 믿는 만큼 최선을 다하라는 임 진세 역사 선생님의 진심 가득한 응원 편지도 받고, 후배들이 조명, 카메라, 라디오 등등 잘 가르쳐 줘서 고맙다며 따르고…. 그렇게 네가 있어야 할 곳을 알고 제자리를 잡아가는 느낌이 들어 너무 다행스러웠어.

달빛이 위로해 주던 밤

상원 17-19살
2016-2018

과천고로 입학하게 된 너는 학교생활이 너무 즐겁다고 했어. 학년에 여자반이 세 반 있긴 했지만, 남자애들끼리만 따로 반을 이루다 보니까 세상 편하고 체육 시간이 너무 재미있다고 했어. 하루는 수업 시간에 배가 아팠다길래 방귀는 어떻게 참았냐 했더니 그걸 왜 참냐면서 ㅎ 아무도 신경 안 쓴다고 했지. 김 동희 담임선생님도 열정적이고 너무 좋으신 선생님이셨고 상원이를 많이 응원해 주셨지. 그러고 보면 상원이는 인복이 참 많았던 것 같아. 주변에 좋은 어른들과 친구들, 믿어주시고 어떻게든 너를 도와주시려는 분들이 참 많았어. 정말 큰 복을 받았던 거야.

학교 행사의 일환인지 모르겠는데 네가 「아버지」라는 제목으로 쓴 글을 발표했다고 했어. 부모에게 불만도 있고 아쉬움도 있고 바라는 것도 있었을 텐데 다 자란 고등학생 상원이의 눈에 비친 아버지는 어떤 모습이었을까. 말하고 싶지 않은 부분도 있었지만 솔직하게 발표했다고 하던데 발표를 듣는 중에 울먹이는 친구도 있었다 하니 어떤 내용이었길래 그랬을까 참 궁금했어. 더 이상 너는 말하지 않았고, 나도 묻지 않았지.

과천고 1학년 때 제부도로 체험학습을 갔던 즐거운 추억. 졸업 앨범을 위해 틈틈이 찍었던 외고 친구들과의 사진들. 영중반은 남학생 숫자가 적어 더 똘똘 뭉쳤지.

진학 상담을 받고 나서 너는 외고에 편입을 하고 싶다고 했어. 지금도 좋지만, 더 발전하고 싶다면서, 외고에 가면 좀 더 타이트하게 자기 관리 할 수 있을 것 같다면서 말이야. 중3 때부터는 공부에 신경을 좀 썼지만, 중1, 2학년 성적이 좋지 않아서 천안 북일고를 지망했던 특목고 입시에서 한 번 실패한 경험이 있었는데도 아랑곳없이 한번 도전해 보고 싶다고 했어. 4명 TO의 외고 2학년 편입 시험에서 4등을 해서 꼴찌로 아슬아슬하게 합격했고 합격자 중 한 명이 경기 외고를 선택하는 바람에 빈자리가 생긴 영어·중국어반으로 가게 됐지. 모자란 실력인데 과천외고에서 제일 잘한다는 영중반에 가게 되었으니 너는 바짝 열 수밖에 없었어. 외국에서 살다 와서 영어는 원어민 급으로 잘하는 친구들도 많았고 이미 1년간을 특목고 시스템으로 공부해서 실력도 다들 월등하다 했지. 중간고사를 앞두고 너는 얕잡아 보이지 않으려고 기를

2017 국제 클린 미디어 콘퍼런스 참가, 경기외고에서 열린 모의 유엔에서 만난 친구와 함께.

쓰고 공부 했더랬어. 중학생 때 그렇게 놀면서도 놓지 않았던 수학으로 갭을 메우고 나머지 과목은 "왜?"라는 질문을 계속 던져가며 끝까지 파보자 했지. 반 친구들이 이렇게 질문 많은 애는 처음 본다며 놀리기도 했다지. 결과는 전교 1등이었어. '열심히 하니까 나도 되는구나!'를 경험했지. 다음 시험은 좀 마음을 놓고 평소처럼 하더니 150등이란 성적을 받았어. 노력의 결과는 너무도 정직하다는 경험은 너의 뇌리에 꽤

열심히 하루를 살고 돌아와 책을 베개 삼아 잠깐 눈을 붙이고… 네 방 불은 새벽까지도 꺼질 줄 몰랐지.

강렬하게 각인 되었어. 그때부터 너는 요령을 피우지도, 요행을 바라지도 않았고 고3 수능이 끝날 때까지 너 자신과의 싸움을 성실히 해나갔지. 그 당시에는 가정이 여러 면에서 힘들었기 때문에 너는 어지러운 마음을 공부라는 탈출구에 쏟아 붓는 것처럼 보였어. 엄마에게도 조금만 기다리라고, 내가 잘돼서 집안도 일으키고 동생도 돌보고 할 테니 힘들어도 조금만 참으라고 말하곤 했지. 사정을 잘 모르는 친구들이 길에서 마주쳐도 인사도 없이 책만 보던 너를 보곤 상원이가 변했다, 미쳤다는 소리를 할 때도 너는 묵묵히 제 갈 길을 가기만 했어. 아무 변명도, 설명도 필요 없었지.

어느 날 공부에 집중한다며 머리카락을 밀고는 밤송이가 되어서 온 너. 없는 짬을 내어 지수와 정식으로 찍어 온 사진을 선물로 내밀더구나. 뒷면에는 저희 보고 힘내세요! 라고 적혀 있었지.

바윗덩이가 들어 있는 것 같던 책가방을 메고 12시 넘어 돌아오는 너를 마중 나가면 "엄마, 하늘 한 번 봐봐. 달이 너무 예뻐."하며 오히려 내 어깨를 토닥여 주고, 빡빡한 고3 야간 학습 시간에 틈을 내어 사진관엘 가서 동생이랑 둘이 환하게 웃는 모습을 찍어 선물해 주었던 너. 소리 없는 응원으로 부모에게 힘을 주던 너는 세상 듬직한 최고의 아들이었다.

축구에 진심

청춘, 그토록 푸르게 4년 3개월

상원 20-24살
2019-2023

몇 년간 열심히 애썼던 결과로 원하던 대학의 합격증을 받았을 때, 당연한 거지만 우리 가족 모두 너무 기뻤다. 입시 하는 동안에는 어쩌다가 네가 먹을 음식을 상에 떨어뜨리기라도 하면 가차 없이 버리고, 지수에게조차도 떨어진다, 망친다는 단어는 아예 입 밖에 낼 생각도 하지 말라며 조심시켰기에 우리 다 같이 마음 쓴 보답을 받은

것 같아 말할 수 없이 좋았지. 경주에 사셨던 작은 아빠는 조카의 합격 턱으로 사무실 사람 모두에게 커피를 돌렸다고 했고, 할머니도 주변 사람들로부터 많은 축하를 받으셨다 하셨어.

서울대학교 언론정보학과 꿈 반 새터

사실 네가 서울대 면접시험을 볼 때 너무 긴장했는지 문제지 뒷면을 안 보고 고사장에 들어가서 그제야 두 번째 질문이 있다는 것을 알고

복학 후 운동을 위해 일부러 체육수업을 신청해서 매주 자전거 여행을 다녔어. 어느 날은 학교에서 인천까지 왕복 수십 킬로를 다녀왔다 했지.

즉흥적으로 답을 하고 나왔다 해서 불안 불안했었거든. 당시 면접관이 셨던 홍 석경 교수님께서 나중에 병문안을 오셔서는 그 때 이야기를 하셨지. 고사장으로 들어가는 복도에서 많은 수험생들이 면접고사 시작을 기다리고 있었는데 유독 네가 싱긋이 웃으면서 목례 하더라고…. 문제를 모른 채 시험 보러 들어와서 많이 당황했을 텐데 답은 평이했으나 느리지만 또박또박 할 말을 끝까지 다하고 나간 점이 인상적이었다고 말이야. 호랑이한테 물려가도 정신만 차리면 산다더니 너의 강한 멘탈 덕분에 오히려 반전이 생겼던 것 같아.

 수능이 끝나고 대학 입학식까지는 2달여간의 여유가 있었는데 너는 아르바이트하느라 또 바빠졌지. 겨우 며칠 틈을 내어 외고 다닐 때 제일 친하게 지냈던 정인이, 태규와 제주도 여행을 간다고 했어. 허당기도 많고 엉뚱한 본래의 네 모습을 친구들은 흔쾌히 받아 주었고 돌발적인 제안에도 맞장구쳐 주어 생각보다 더 재미있고 의미 있는 여행이 되었다 했지. 숨 막혔던 입시의 터널을 지나 탁 트인 바다를 보는 것만으로도 살 것 같았을 텐데, 진실하고 속 깊은 친구들과 함께해서 더할 나위 없이 행복했다 했어. 제주도에서 돌아와서는 다시 아르바이트의 연속이었는데 입시에 많은 도움을 받았던 꿈 노트 학원에서 지도를 맡은 후배 아이들은 한창 중요한 고1, 고2 겨울방학이었으니 해 주어야 할 것이 많았고, 그런 틈틈이 놀기도 해야 했으니 그때 너는 하루 서너 시간도 못 자는 것 같았어. 무리가 되겠다 싶었지만 두세 달이면 될 일이라 생각하고 가만히 있었지.
 대학에 입학하고 하루하루가 새내기로서 들떴던 날들…. 혜지, 나연, 노아, 영서, 창민… 재기발랄하게 반짝이는 청춘들이 만났으니 설사 아무것도 안 한대도 즐거웠을 텐데 쿵 짝도 잘 맞아서 몇 년 지기처럼 늘 붙어 다녔어.

 전국의 수재들이 모인 곳이었으니만큼 수업 난이도도 있고 교수님, 선배들이 까마득히 높아 보이는 것은 당연했겠지만 같은 동급생 친구들도 잘하는 게 뭐 이리 많은지 배워야 할 게 참 많다고 했어. 세상은 넓고 할 일은 많았으나 할 줄 아는 것은 많지 않다고 혼자 의기소침해 하기도 했지. 산을 막 넘어왔는데 눈앞에 더 높은 산이 있는 것 같아 순간 아찔했지만 걸음은 느려도 포기할 줄 모르는 너였기에 한 계단씩 너의 페이스대로 가겠다며 금세 기운을 차렸어. 너는 초초초 긍정마인드의 사나이였으니까.

 그런 네게 생각해 본 적도 없고, 감히 생각할 수도 없는 병마가 예고 없이 찾아왔다. 며칠 전 꼼 반 새터에 가서 허리를 삐끗했다길래 동네 의원에서 염증 진정제를 처방받고 난 삼 일째, 아침에만 해도 학교에 갔다가 아르바이트 다녀오겠다고 가방 메고 멀쩡히 나갔는데 뜬금없이 병원 응급실이라며 전화가 왔어. 암이라는 녀석이 너의 인생을 강도질한 순간이었지.

 암 덩어리 때문에 신장 한쪽이 두 배로 부풀어 있었고 등골뼈는 무너지기 직전이라고 했어. 처음 들었던 생각은 '어떻게 너에게 이런 일이?, 그렇게 열심히 살았는데 왜?'였고, 두 번째 들었던 생각은 '몸이 이 지경이 될 때까지 어떻게 넌 이걸 참았지?'였어. 척추에서 시작된 암은 뼈를 녹이고 너의 폐와 신장을 망가뜨렸고 수십 알의 총상을 입은 듯 이미 온몸은 암세포의 점령으로 회복 불가능까지 간 상태였으니까. 대한민국에서 제일 잘한다는 병원의 의사가 해 준 말은 고통이 엄청 심했을 텐데 그동안 어떻게 참았냐는 소리와 병원에서는 해 줄 게 없으니, 집으로 돌아가란 소리가 다였어. 스무 살의 젊은 피를 타고 병

상원아!!
너에게 편지를 쓰다니
상원이에게
힘이 들겠지만 반드시
이겨낼거라고 믿어. 꼭 낫길
응원할게!!! PS. 심심할 때
고딩 최상원이 안녕~~~
상원이에게
상원아 안녕! 나 지우야
TO. 상원이!
안녕 상원아!
일단 생일 정말 축하해!
함께하자!
상원이에게
생일축하해!

<small>너의 생일을 맞아 적어 준 꿈 반 친구들의 응원 메시지</small>

마는 네 몸의 구석구석을 참 빨리도 돌아 다녔고, 그렇게 너는 의식을 잃었다.

　세상에 많은 불가능한 일이 있지만 그 불가능을 가능케 한 사람도 분명히 있었으니까 우리는 그런 사람이 되어야 했어. 유잉육종이라는 희소 암을 고치는 방법이 있다면 이슬비로 바위를 뚫으래도 뚫어야 했어! 초를 다투는 절박함으로 인해 초인적인 정신력이 발휘된 것일까…. 병원에서는 전신 말기 암 4기이니 남은 시간이 얼마 되지 않을 것이라고 했지만 너는 기적적으로 회생했어. 의사가 이해 못 할 수준까지 체력이 올라와 우측 신장의 절반을 잘라내는 수술이 가능해졌고 항암 부작용으로 토하고 객혈과 혈뇨가 나와도 잘 견뎠어. 수세미처럼 듬성듬성해진 척추는 나사를 박아 지지대를 세웠고 침대에서 앉고 내려와 걷기까지 수 개월간 사투를 벌였지.
　네 소식을 들은 친지, 친구, 선생님, 선배, 후배는 물론이고 동네 아는 지인의 건너 건너 지인들까지도 응원의 메시지를 보내왔어. 병실은 그들이 보내온 편지와 선물, 암을 이기는 방법이 담긴 책들, 건강 먹거리로 넘쳐났지. 자기 일처럼 여긴 많은 분의 진심어린 응원 덕분에 몸이 조금씩 회복되어 무서운 병명과는 달리 네 표정은 밝아졌고 병문안을 온 사람들이 너 진짜 아픈 거 맞냐며 농담을 던질 정도로 상태가 좋아졌어. 몇 년 만에 이렇게 누워서 놀고먹기만 해도 되다니 아픈 것도 그리 나쁘지만은 않다며 너도 받아쳤지. 입원 후 몇 달 만에 처음으로 걸어서 병실 복도에 나간 날 그것을 본 간호사들이 놀라서 손뼉을 치고, 그렇게 모든 게 네가 아프기 전으로 돌아갈 수 있는 것처럼 여겨졌었다.

 재활을 열심히 한 덕분에 걸은 지 얼마 안 되어 조금은 뛸 수도 있게 되었고 관악산도 중간 약수터까지 올라갈 수 있을 정도가 되었어. 조금 더 치료에 집중하고자 남양주에 있는 황토방에 입소해서 식이요법을 철저히 하고 무너진 생활 리듬을 바로잡아 규칙적인 운동과 질 좋은 수면을 하니 훨씬 더 나은 상태가 되었지. 처음부터 끝까지 기도로 함께 해주셨던 아산병원의 신 지훈 선생님, 과천외고의 세린이 어머니, 과천교회 형제자매들의 간절함으로 마음이 움직여 신 앞에 무릎 꿇고 마음의 평안도 얻게 되었어. 정기적으로 찾아뵙는 주치의는 이렇게 잘 견뎌내는 너를 기특해하면서 치료도 중요하지만, 너의 삶의 질도 중요하니 이 상태라면 복학을 고려해도 되겠다고 하셨지. 단! 절대로 무리하면 안 된다, 이 병은 좁쌀만 한 인자라도 남아 있으면 언제든 너를 삼킬 수 있으니 방심하면 안 된다고 주의를 주셨어.

 그대로 산골에 콕 박혀 살았더라면 지금 우리 곁에 네가 있을 거라는 생각도 든다. 하지만 너는 하루를 살더라도 너답게 살고 싶어 했지. 숨만 쉰다고 사는 게 아니라 스무 살의 남자아이로 살고 싶어 했어. 교수님들의 배려와 고 윤정 학과 조교님의 도움으로 정상에 가까운 대학 생활도 하고, 쉬었던 근력운동도 하고, 아르바이트도 하고, 여자 친구도 사귀었지. 항암 부작용으로 인해 머리카락이 다 빠졌어도 가발을 쓰고 슈트를 차려입고 집을 나서는 너는 참 멋졌다. 꿈같은 8개월이었어.

 두 번째 청천벽력 같은 소리는 네가 국회에서 간사로 일할 때 들었어. 얼마 전 정기 검진 받은 결과가 나왔다며 응급실로 당장 입원해야 한다는 소리였지. 항암 치료제의 독성을 피해 암 찌꺼기들이 뇌와 고환으로 몰려갔고 야금야금 커진 뇌종양이 다른 신경다발을 누르고 있댔어.

의사는 바로 수술해야 하고 수술 후엔 네가 몸을 움직일 수 있을지, 가족을 알아볼 수 있을지 장담하지 못한다고 했어. 예상보다 두 시간이 초과되어 밤에 수술실로 들어간 너는 새벽녘 동이 트고 나서야 회복실로 올라올 수 있었다. 한참 만에 마취에서 깨더니 나를 "엄마"하고 불렀어. 날 알아본 거야! 오, 하느님, 감사합니다! 네가 너무 안타까워서 담당의가 수술을 엄청 꼼꼼히 해 주신 덕분에 신경에 큰 손상 없이 회복될 수 있었어. 천운이었지.

그렇게 또 한 번의 고비를 잘 넘어가나 싶었는데, 큰 어려움이 생겼어. 지름 8cm의 종양을 제거하고 난 빈자리를 뇌가 적응 못 하는 사태가 생긴 거야. 섬망이 왔어. 너는 환각에 시달렸고 화를 냈고 공격적으로 되었지. 이제껏 어떻게 참았나 싶었을 정도로 너는 온갖 것에 분노했고 싸웠고 저항했어. 힘든 투병 기간 동안 너를 지탱해 주던 강한 정신이 무너지고 그 자리엔 통제되지 않는 몸 큰 어린아이가 서 있었어. 안전을 위해서라도 너를 폐쇄병동에 입원시키고 오던 날의 참담함을 어찌 다 말로 표현할 수 있을까.

그런데 하늘이 너를 다시 일으켜 세워주셨어. 정신병동에서 7명의 간호사에게 붙잡혀 꼼짝 못 하고 갇혀있던 네 눈에 그 안의 사람들이 눈에 보였대. 겉으론 멀쩡한 것 같지만 마음이 아픈 사람들이었고 그들도 도저히 살아낼 수 있을 것 같지 않은 세월에 상처 나고 아프고 그럼에도 불구하고 살려고 하더래. '다른 사람들도 아무 죄 없이 나처럼 아프구나, 누구의 죄도 아니구나'란 생각이 들자, 분노로 날뛰던 에고가 가라앉고 너를 바라보고 있는 가족들이 눈에 들어왔대. 이성적인 논리가 감정을 누를 수 있게 되면서 너는 우리 곁에 다시 돌아왔어. 본래의 네 모습으로.

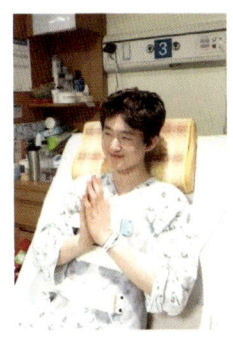 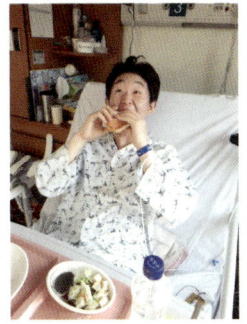 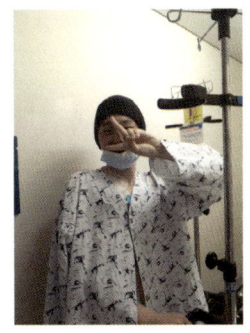

늘 밝고 장난기가 많아서 오랜 병원 생활이 그리 지루하게 느껴지지 않았어. 항암 3차를 하고 난 후 머리카락이 너무 빠져서 아예 짧게 밀어 버렸는데 미용사 누나가 간지 나는 스티치도 넣어 주어 기분이 좋아졌더랬지.

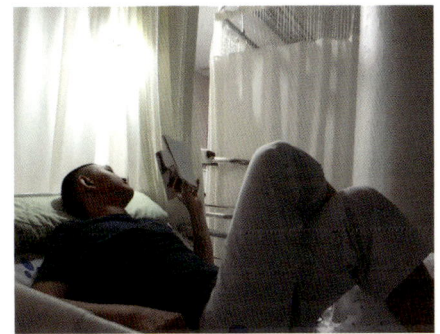 

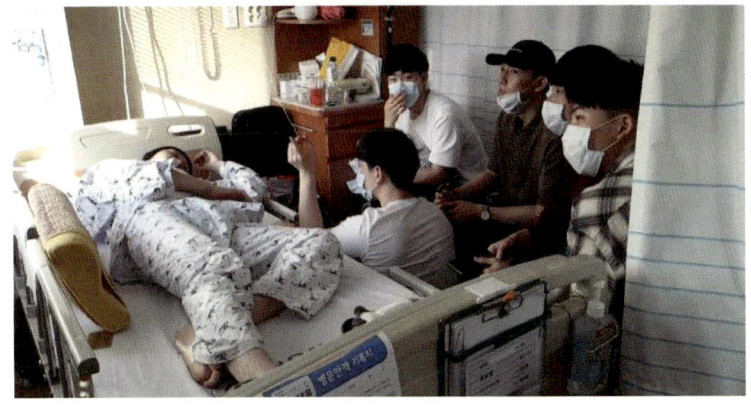

5번의 대수술, 49차의 항암, 50여 번의 방사선 치료, 응급실을 제 집처럼 드나들고…. 이 모든 것의 끝에 남은 것은 독으로 얼룩져진 너의 몸과 가족에 대한 사랑이었어. 몸은 지쳤으나 정신은 맑았고 세상 것에 미련을 놓은 대신 반드시 지켜내야 할 것이 무엇인지 알고 있었어. 마음의 응어리가 남아있는 이들에게는 용서를 구했고 사랑한다고 했고 남게 될 지수와 우리 가족을 위해 신 앞에 기도했지. 말을 할 수 있는 동안 고맙다 했고, 말을 못 하게 되자 '나 병원에서 퇴원하면 보리 도리 데리고 산책 가자, 엄마…'라고 썼어.

그렇게 너의 마지막은 너무나도 평화로웠다….

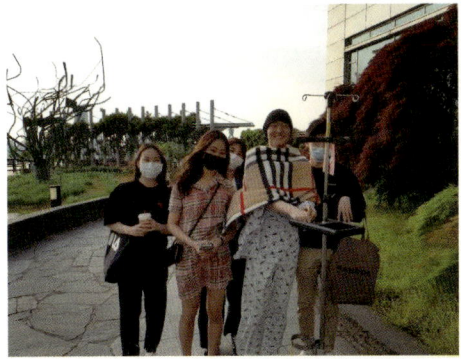

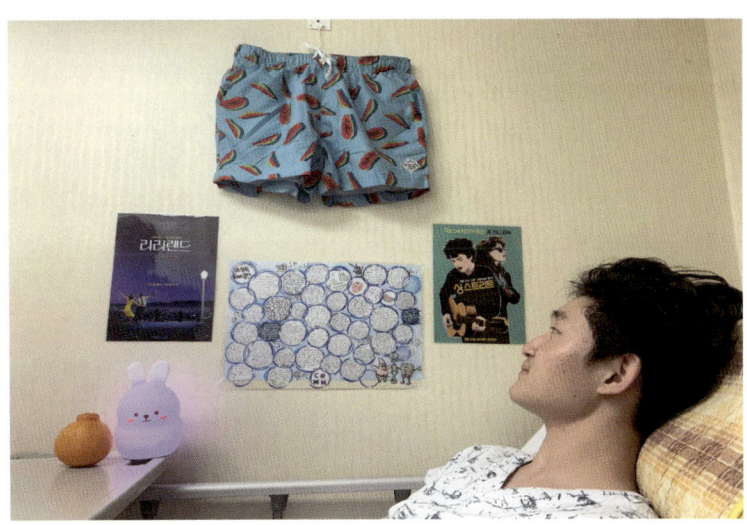

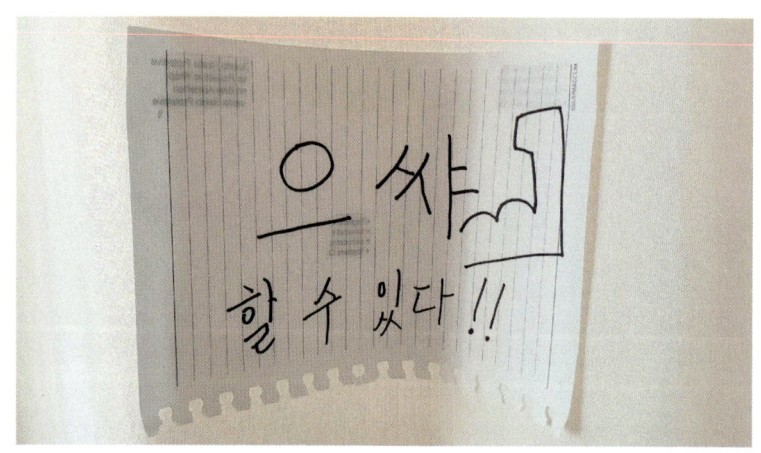

하루에도 몇 명씩 친구들이 병문안을 오고 과천 외고 후배들은 거의 전교생이 응원 메시지를 보내온 것 같았어. 다 나으면 입고 바닷가에 놀러가자며 수영복과 하와이안 셔츠 같은 위트 있는 선물을 보내준 친구도 있고, 아르바이트 해서 모은 돈으로 평소에 네가 갖고 싶어 하던 것을 기억하고 있다가 사 온 친구도 있었지. 소소할지라도 모두 곁에 두고 싶어 해서 받은 선물과 편지로 좁은 병실 공간이 꽉 찼어. 침대에 누우면 바로 볼 수 있게끔 셀프 파이팅 문구를 병실 천정에 붙여두고 눈 만 뜨면 세뇌를 했지. "난 할 수 있다!"고 병문안 온 친구들이 시끌벅적하게 웃다

돌아가고 난 후 넌 조용히 세상을 바라보았어. 그 시간은 오롯이 너만의 순간이었기에 그 무엇도 방해할 수 없었지.

투병 2년차, 3년차… 혼자 있는 시간이 점점 많아지고 마음이 울적할 때면 너는 일부러라도 밝은 이야기를 썼어. 말로는 전하지 못한 그리움에 대해서도 담담하게 적어갔지. 병원에서도, 황토방에서도 작은 노트가 너의 가장 친한 친구가 되어 주었다. 항암, 방사선, 수술, 재활… 도돌이표 같은 치료과정을 묵묵히 견디며 힘든 시간 속에서도 나을 수 있다는 희망을 버리지 않았어.

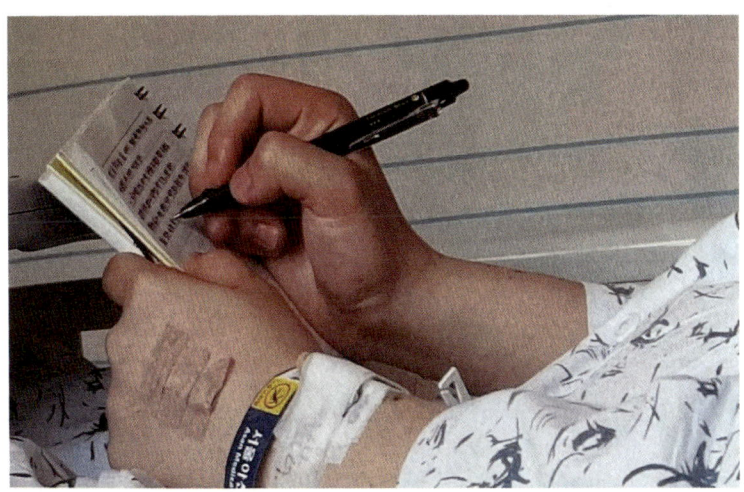

의사는 뇌수술 후에 일부 기억을 잃어버릴 수 있다고 했지만, 다행히도 넌 엄마를 알아보았어. 너무 감사한 순간이었지!

작은 틈만 있으면 최선을 다해 재활 운동에 열심이었던 너.

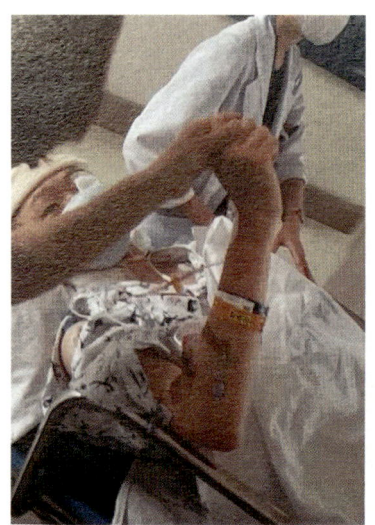

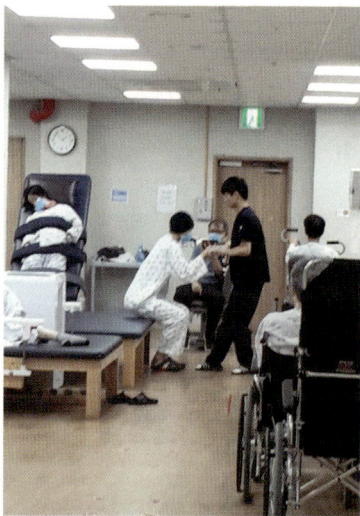

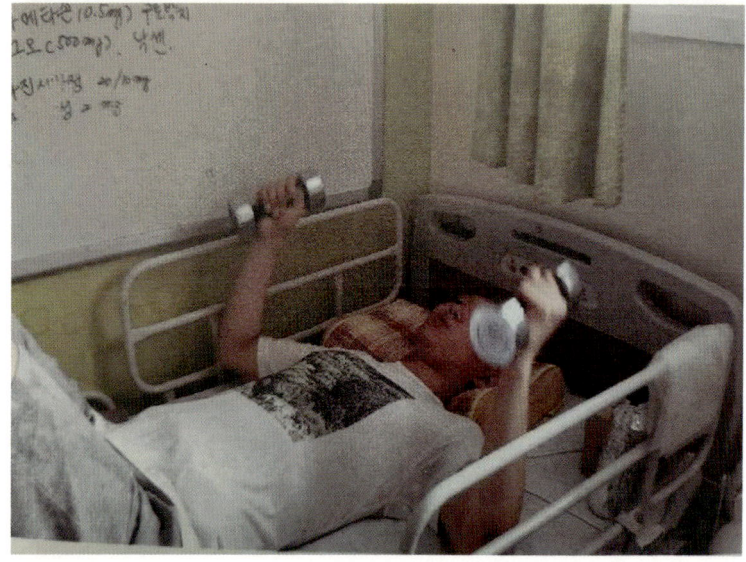

항암 치료 중 잠깐씩 휴식기를 가질 때면 하고 싶었던 일들을 하나씩 해 나갔어. 마라톤도 하고 관심 가졌던 분야의 세미나에도 참석하고 이웃 작가로서 공동 작품집을 출간하기도 했지. 세상에 드러내 놓고 자랑할 만한 성과를 낸 것은 아니지만 너에게 주어진 시간을 한순간도 허투루 허비하지 않았어.

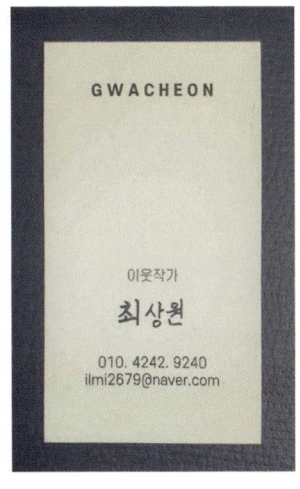

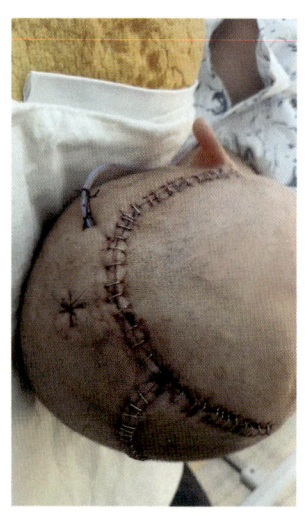

네 몸에 박혔던 수많은 주사기, 철심, 나사못들. 무너진 뼈를 지지하고 너를 살리기 위해 쓰인 도구지만 어찌나 무섭고 흉측하든지…. 그것을 보고 정작 너는 조용히 웃기만 하더구나. 섬망이 들어 네가 너 같지 않았던 몇 달은 너에게도, 우리에게도 가장 힘들었던 시간이었던 것 같아. 이해 못 하는 친구들과 싸우기도 하고 세상을 향해 분통을 터트리기도 했지. 모든 것이 부질없음을 알게 되자 조용히 신 앞에 무릎 꿇고 깊은 내면으로 가라앉았어. 심해 바다처럼.

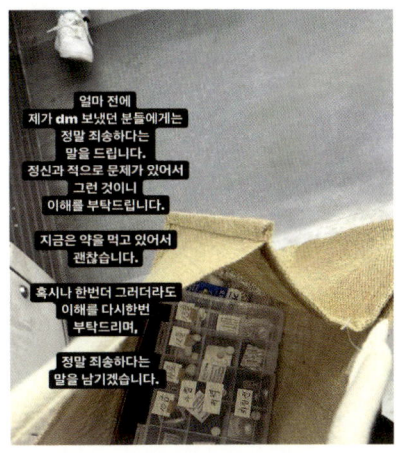 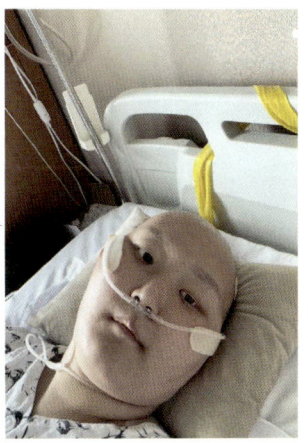

손 쓸 수 없을 만큼 커진 뇌종양으로 하반신이 마비되고 더 이상 말을 못 하게 되자. 우린 화이트보드에 글을 써서 의사소통했지. 넌 얘기했어.

'엄마, 나… 집에 가고 싶어.'

그래, 상원아.
어서 집으로 가자꾸나.
지수랑 보리 도리가 기다리는
따뜻한 우리 집으로.

4

창 밖에는
함박눈
이
나리고

동생 지수

상원이랑 지수는 참 사이좋은 남매였지. 물론 어렸을 때는 지수가 네 물건을 함부로 만져서 고장 내놓거나 자꾸 몸이 아픈 바람에 상원이가 하고 싶었던 것도 못 하게 되는 일이 종종 있어서 동생을 왜 낳았냐고 투정 부린 일도 있었긴 했지만 말이야. 친구 경훈이는 남동생이 덩치도 형만 하고 야무져서 같이 놀이 상대가 되기도 하고 경

쟁 상대가 되기도 했는데 그걸 부러워하기도 했어.

 그래도 너는 엄마가 바빠서 동생 좀 데리고 놀아 하면 거절한 적이 없었지. 친구들이랑 놀 때도 꼭 데리고 다녔는데 여동생이 없는 광민이가 지수를 많이 챙겨 주어서 사람들이 지수가 광민이 동생이냐고 하기도 했을 만큼 상원이 친구들이 모두 지수의 친오빠 같았단다. 오빠가 하는 일이라면 다 좋아 보였는지 지수는 상원이의 껌딱지였는데 심지어 축구대회 날에도 쫓아가서 선수단 단체 사진에 같이 찍혀 오기도 했어. 생각해 보면 아주 귀찮았을 텐데 그런 내색도 없이 오빠 노릇을 한다고 애써서 엄마가 너무 고마웠었어.

 지수도 자라서 학교에 들어갔는데 발달이 좀 늦었기 때문에 학습 면에서나 교우관계 면에서 어려움이 많았지. 한번은 늘 뒤처졌던 지수를 반의 한 남자아이가 놀리고 때린 적이 있었는데 그 얘기를 들은 상원이가 화가 나서 친구들이랑 떼 지어 몰려가서 눈을 부라린 채 지수 교실을 몇 바퀴 돌고 왔다고 했어. 지수에게는 엄청 친한 체를 하며 오빠들이 번갈아 지수 머리를 쓰다듬어 주고 왔다면서. ㅎ 무언의 압력을 행사하고 온 거지. 부모에게만 깨물어 아픈 손가락인 줄 알았는데 상원이에게도 안쓰러운 동생이었던 거야.

 저를 아끼는 오빠의 마음을 지수도 알았는지 어디 좋은 곳이라도 갔다 오면 엄마, 아빠 것은 몰라도 오빠가 좋아하는 간식이나 선물은 꼭 사 왔어. 뭘 해도 오빠가 1번이었고 상원 오빠는 지수에게 무엇이든 잘하는 든든한 우군이었어. 지수가 커서 어엿한 사회인이 되기까지 가족들이 도와야 할 일이 많을 텐데 그 부담까지도 너는 기꺼이 나눠 가지려 했지. 나중에 엄마, 아빠 안 계셔도 지수 잘 돌볼 테니까 걱정하지 말라던 네가 어찌나 믿음직스럽던지. 그런 마음의 짐을 안겨 주고 싶지 않으면서도 네가 있어 너무 다행이라는 생각을 지울 수가 없었어.

그렇게 괴롭고 힘들었던 투병 기간에도 지수 일이라면 발 벗고 나섰던 너. 중학교 때 학교폭력 때문에 트라우마가 생겼던 지수의 마음 빗장을 풀어주기 위해 또 한 번 동네 오빠들이 헤쳐모여 했던 일도 있었지. 결국 가해자의 진심 어린 사과를 받아냈고 그제야 지수 맘속에 생긴 생채기에도 꾸덕꾸덕 딱지가 앉을 수 있었어. 표현이 서투른 지수가 거칠게 장난을 치면 맞받아치고 겉으론 투덕거리며 서로에게 낯간지러운 말은 절대 못 하더니만, 너를 보내고 얼마 후 지수가 너에게 '오빠, 보고 싶어'라고 카톡을 했는데 아무리 기다려 봐도 숫자 1이 없어지질 않는다며 펑펑 울었지. 요즘은 엄마가 가끔씩 네가 쓰던 휴대전화 톡방으로 들어가 1을 없애준단다….

지수가 세상에서 가장 좋아한 사람은 아마도 오빠이지 싶다. 지수에게 상원 오빠는 같이 장난치고 노는 친구이자, 공부부터 패션까지 무엇이든 물어볼 수 있는 선생님이자, 부모를 대신할 든든한 보호자였거든. 요즘은 네가 좋아했던 노래를 들으며 잠이 드는데, 어느 날 불현듯 너의 부재가 느껴지지 않도록 곁에 있는 동안 엄마, 아빠가 해 줄 일이 많을 것 같아.

아버지와 함께

경주 양반 가문의 장남이었던 네 아버지가 나이 45세에 첫 아들을 보았으니, 상원이 너에 대한 애정은 각별할 수밖에 없었어. 집안 대대로 남아선호 사상이 유별났던 것도 있었겠지만 순하고 총명했던 너는 하나를 가르쳐주면 열은 몰라도 둘, 셋은 깨우쳤고, 어른들의 말을 어기는 법도 별로 없던 지라 자라는 내내 아버지의 자부심이 되었단다.

젊은 시절 질병과 사고로 형제들을 잃었던 아버지는 건강에 대한 인식이 남달라서 네가 학교 숙제로 가훈이라도 조사해 갈라치면 언제나 "건강, 건강, 꺼진 불도 다시 보자!"라는 수준으로 강조했어. 대체요법에 대한 관심도 많아서 네가 감기라도 걸리면 수지침에, 이침에 본인이 아는 요법을 다 써 주려고 해서 그게 귀찮았던 너는 아예 아프다는 소리를 잘 안 했더랬지. 친구들이 손에 붙인 테이프가 뭐냐고 물어볼 때마다 일일이 설명하는 걸 싫어했었거든.

늘 옆에 있는 아버지고, 늘 듣는 소리였기에 오히려 너는 신경을 별로 안 썼던 것 같아. 사실, 또래보다 키도 훌쩍 컸고 병치레도 별로 하지 않았었기에 건강에 대해 자신만만했던 점도 없잖아 있었지.

아버지는 너의 병이 심각하다는 것을 안 순간부터 지금까지 5년여 세월 동안 네 곁을 떠나지 않았다. 자영업을 했기에 시간 조정이 좀 자유로웠던 점도 있지만 그렇지 않더라도 평소에도 늘 하던 말이 대통령이 오라 해도 우리 아들이 부르면 아들에게 먼저 간다는 게 네 아버지의 지론이었으니까 아픈 널 두고 딴 일을 한다는 건 상상 불가였을 거야. 아무래도 엄마는 지수가 있으니까, 병원에 있다가도 밤이면 집에 돌아가야 했는데, 아버진 최소한의 이동, 업무를 제외하곤 네 곁을 떠

나려 하지 않았어. 사실 아버지가 1956년생이니까 본인 건강 챙기기에도 신경을 바짝 써야 할 나이인데 네가 조금이라도 불편해하는 기색이 보이면 밥 먹다가도 벌떡, 자다가도 벌떡 일어나 너를 편하게 해 주고 나서야 먹고, 자곤 했어.

척추에 새로 생긴 종양이 신경을 눌러 네가 가슴 아래로 전혀 움직일 수 없게 되자 우린 너의 손발이 되어야 했지. 욕창 방지를 위해 두 시간 간격으로 너를 돌아 눕히고, 먹이고 씻기고 용변 갈고…. 끊임없이 해야 할 일이 생겼기 때문에 5분, 10분도 맘 편히 쉴 수가 없었는데 아무리 부모한테라지만 어느 날 갑자기 다 큰 네 몸을 온전히 맡겨야 하는 상황이 되어버린 네 심정을 생각하면 힘들다는 소리가 나오지 않았어. 하지만 너도 우리도 조금씩 체력이 떨어져 갔고 병원비에 생활비까지 벌어가며 병간호해야 했던 아버지의 심적 부담은 갈수록 더 해졌지. 그래도 네 앞에서는 항상 긍정적인 모습을 보여 주려 했고 나을 수 있다는 희망을 주려 했어. 우리 집에서 군기반장 역할을 맡았던 엄마는 네가 더 철저하게 식이요법이나 재활하기를 원했지만, 아빠는 좀 더 관대했지. 그래서 보호자 교대를 하고 나면 엄마 몰래 병원 밖 간식을 사 오기도 하고 기분 전환을 시켜주려 했어. 네가 억지로 끌려오기보다는 맘 편히 스트레스 안 받는 게 더 중요하다고 생각했거든. 무엇이 너를 위하는 것인지 의견이 달라서 티격태격하기도 했는데 결과가 어찌 될지 모르면서 나중에 후회가 남을 일은 안 만들고 싶은 마음은 같다는 것을 아는 너는 엄마 마음, 아버지 마음을 풀어주려고 잘 안되는 애교도 부리곤 했지.

네가 걸을 수 있을 땐 같이 걷고, 네가 뛸 수 있을 땐 같이 뛰고, 네가 먹어야 먹고, 네가 자야 잠깐씩 쪽잠이라도 자던 네 아버지를 보고 병원 보호자들끼리도 저런 아버지 없다 했어. 서울 아산병원의 유명 인사였지. 의례 그렇듯 아들인 너는 원래 엄마와 잘 통했던 사이였고 아버지와는 데면데면했었는데 너에게 정성을 보이는 아버지에게 마음을 열게 되었고 속 깊은 이야기를 많이 나누었어.

너를 보내고 아직 아버지는 네 방에 잘 들어가지 못한단다. 사

진을 보거나 네가 쓴 글을 보거나 할 엄두가 안 난다고 해. 그래도 아버지가 너와 항상 함께 있다는 것을 잘 알고 있지? 하늘의 부름을 받는 그 너머의 순간까지도….

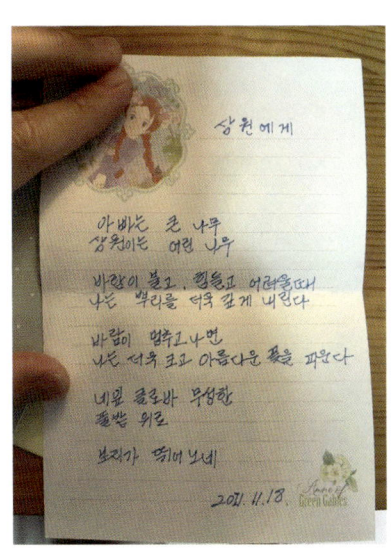

CT 검사를 위해 대기하는 동안에 체력이 쇠진해 버린 너의 머리를 팔로 받쳐주는 아버지. 큰 나무가 되어 시원한 그늘도 드리워 주고 맛있는 열매도 주고 싶어 했는데…. 너를 지켜주지 못한 미안한 마음에 밤새 뒤척이는 소리가 들리는구나.

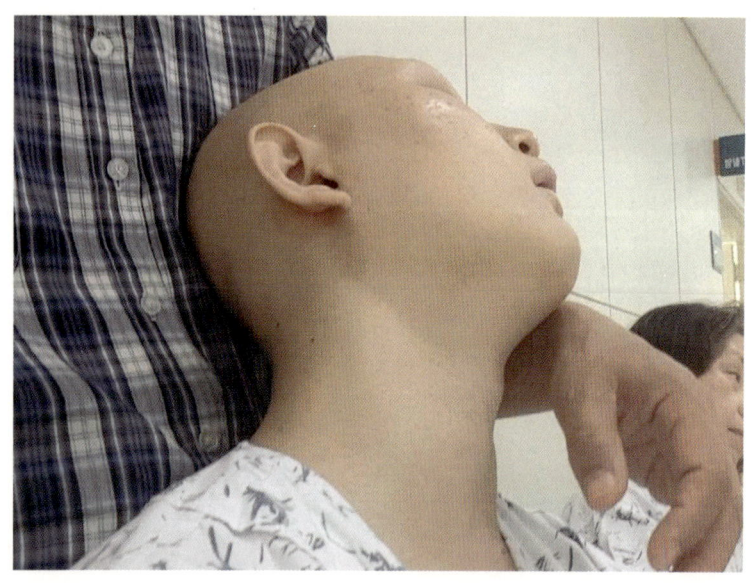

메모 속의 친구들

대학교 친구)

2021.11.3

대학교 때는 약간 헬린이가 되었다.
승현이랑 태범이가 그 역할을 같이 해줬다.
둘은 내가 약간 도와줘야 하는 친구들.
패션이나 여자나 하는 문제에서 말이다.
둘이 붙여놓으면 광대가 따로 없을 정도로 웃기다.

승현- 진짜 광대가 따로 없다. 너무 웃기다.
같이 있으면 1분 만에 웃을 수 있다. 보장한다.
그런데 나름 진지한 측면이 있어서
운동도 꾸준히 같이하고 있는 친구.
가장 소중한 사람 중의 하나다.

태범- 태범이는 승현이랑 붙여놓았을 때
가장 웃기다. 둘이 케미가 잘 맞는 것 같다.

태범이는 헬창인데 맨 날 쇠질과
술 마시는 것 중에 항상 고민한다.
볼 때마다 옷을 벗어서 약간 칭찬해서
위로 올려주는 게 필요하다. 친화력이 엄청나다.
맨 날 손을 어깨에 올려놓고 싶어 한다. 기분은 좋다.

고딩 친구)

2021.11.1

고딩 때는 공부를 했는데 가끔가다 중학생 때의 성격이 나오곤 했다.
-추크볼 끝나고 호준이랑 불태웠다.
-고2 때 춤을 췄는데 정찬이랑 췄다. 키스는 안 했다. 안 했어.
-새아랑 여준이. 저 때는 저렇게 얼굴이 누렇게 떴다.
-두 명이랑 가장 친하다. 정인이랑 태규.

정인- 너무도 착한 친구. 첨에 갔을 때 짝이었다. 고려대 가고 싶다고 했는데 꿈을 이뤘다. 편안함, 상대 배려, 정보력
태규- 첨 봤을 때 가장 잘 맞았던 친구. 첨에 그 뭐냐 뭐 줄 때부터 알아봤어! 우린 잘 맞을 거란 걸

중딩 친구)

2021.11.1

태우- 츤데레 스타일. 내꺼에 '좋아요'도 안 눌렀다 새끼.
재영이- 둘이 담배를 태웠는데 학교에서 태우고 신나서 뛰쳐나갔다.

이창- 힙한 전사. 랩을 창섭이에게 배웠다.
축구 대회를 나가서 2등을 했다.

중학교 양아치 친구)

2021.11.7

이찬-평촌공고. 중3 때 만났는데
그때부터 '우리는 이찬이 있어'
'우리는 상원이 있어' 가 유행어가 되었다.
한번은 창섭이 집에서 팔씨름했는데
내가 이겼다. 이찬이는 인정하지 않고 짜증을 냈다.
지금은 엄두도 못 낸다.
이찬이는 술집을 하는 것이 꿈이랬다.
그러니까 술집 할 때 법률적인 부분들 있으면
내가 봐주기로 했다.
그때까지 살도록 노력해 봐야지.

진성- 이찬이의 사촌이다.
가족 중에 암으로 돌아가신 분이 있어서 바로 찾아온다고 했다.
완전 키 크고 간지 나는 모습. 아우디를 모는데 네 번째 차란다.
벤츠는 질렸단다.

정규- 주변에 친구들을 이용해서 찾아줬던 친구이다.
고3 과외를 할 때는 그렇게 말을 안 들었는데, 이렇게 와 줄은 몰랐다.

태범이는 자기 알바도 빼고 왔다. 오늘 만나^^

관우는 경찰대 다닌다. 이런 일을 하는데 경찰이 하나는 있어야지? ㅎ

소정이는 서울대 종교학과이다.
카메라맨으로 불렀는데, 경찰 때문에 못 찍었다.
고맙다, 친구들아

초딩 친구)
2021.11.1

용훈이- 용훈이가 대장이다. 용훈이를 중심으로 모인다.
경훈이- 경훈이는 용훈이에게 가장 편한 친구. 용훈이네 밑에 층에 살았다.
호원이- 호원이는 용훈이에게 가장 친한 친구. 둘이 많이 싸웠다.
요한이- 요한이는 초등학교 때 그렇게 안 친했는데, 나중에 성인 돼서 다시 만났다. 그렇게 친구.
승현이- 승현이는 착하다. 진짜 착하다.
우빈이- 대만으로 유학하러 갔다. 머리를 길렀는데 지금은 짧은지 모르겠네.

2021.8.21

※ 친구들 4명이 모여서 음악을 해
 용훈이 경훈이 아연이 앤 미
 용훈이는 4명이 같이 음악을 했으면 해
 오늘은 마지막이니까. 마지막에 많이 챙겨주고 싶어.
 경훈이는 자기가 하고 싶은 노래를 명확히 알고 있어
 흑인이 하는 노랠 좋아해. 흑인 새끼
 아연이는 노래를 하고 싶은데 해보라고 하니까 못해.
 인정 이해. 첨부터 가사부터 안 써보고 하라는 용훈이가 이상해.
 미이이이, 난 말로 설명할 수 없지

퇴폐적인 척하지만 피지 않지! 담배
이건 마치 술 마시는 척하는 술찌
피지 않는 담배지만, 책상 위에 놔뒀어
누군지 모를 너의 미래가 보이는 것 같아서
혹시 모를 누군가가 혹 하니 끌려올까 봐
혹시 모를 누군가가 혹하니 가 버릴까 봐

2021.1.4

※ 용훈띠 생일축하!
   그동안 나 잘 챙겨줘서 고맙고
   앞으로도 잘 부탁합니다아ㅏ
   생일날 재밌는 거 많이 모태 줘서 미안타
   내년엔 더 재밌게 놀자?
   그땐 벌써 전역이겠구만
   쫌만 참자ㅋㅋㅋㅋ

2020.8.22

※ 김나- 꽃힘, 몰입
   태우- 튕기면서 챙겨주기, 인간관계 원칙
   은수- 진심, 자기 의지, 배우는 태도
   정빈형- 인간관계
   정호형- 남자다움, 자세
   나연-자기 통제, 아무 말, 인간관계 원칙들
   윤성-연애는 역시 가까워야지
   동영-연애 태도, 인간관계, 장난 속 진심
   용훈-상대 배려, 편안함, 자신을 낮춤

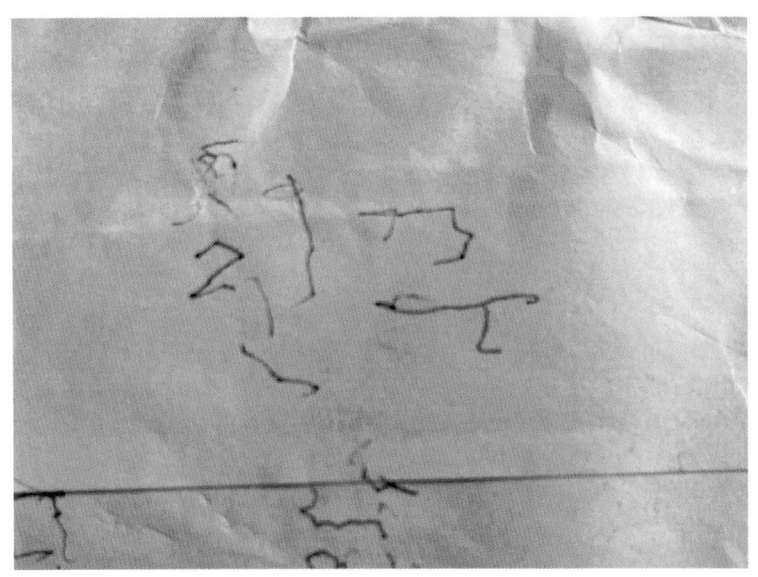

해마루와 지구별 여행자

연극 놀이터… 해마루. 상원이는 초등학교 1, 2학년 2년 동안 해마루 놀이 동아리 활동을 열심히 했지. 전통연희를 활용한 연극 놀이 프로그램이었는데 1학년 때는 그저 놀러 다녔지만 2학년 때는 제법 연극다운 연극을 해서 놀랐어. 그때 했던 연극 제목이 「별에서 온 내 친구」였었지? 1년간 공유했던 경험들, 총 12명의 친구와 함께했던 시간이 켜켜이 쌓여서 하나의 이야기를 만들어 낼 수 있었고 초등 2, 3학년 「슬기로운 꿈나무 반」 전체의 공동창작 형식으로 대본 쓰기부터 역할 분담, 연습 일정 짜기, 무대 꾸미기까지 전체 과정에 참여할 수 있었던 소중한 경험이 되었던 것 같아.

여름방학 때까지는 노래도 하고 마임도 하고 전래 놀이도 하며 신나게 몸 풀기 했다면 2학기에 들어서는 본격적인 연극 만들기 작업에 들어갔어. 안에서 어떻게 하는지 볼 수는 없었지만 끝나고 땀이 흥건해져서 나오던 너를 보면 무언가를 열심히 풀어내고 왔구나 하는 것을 알 수 있었지. 11월 시민회관 소극장에서 공연될 너희들의 작은 연극제를 위해 각 반의 색깔이 어우러져 아름다운 무지개가 될 수 있도록 열심히 준비했었지.

너는 우주 아이 역할을 맡았어. 공연 당일 프로 배우처럼 분장을 멋지게 하고 스프레이를 잔뜩 뿌려 우주와 교신하는 머리카락 안테나도 세우고 화려한 스팽글도 뿌렸지. 정말 별처럼 빛나 보였어. 반짝반짝.

네가 리허설 하는 바로 그 시간에 경주 할아버지께서 돌아가셨지. 1년 8개월을 투병하셨고 네 공연이 끝나면 영상 비디오를 가져가 보여드리려고 했었는데 말이야. 20분 후면 공연이 시작되는데 갑자기 너의 역할을 다른 친구에게 대체시킬 수가 없었고 너는 이 일을 모른 채 무대에 올랐어. 엄마는 울면서 너희들의 공연을 봤단다. 긴장하는 모습이 역력했지만, 열심히 맡은 역할을 해내는 걸 하늘에서 할아버지도 보셨겠지. 분명 "아이고, 우리 강아지 잘한다!" 그러셨을 거야.

큰 실수 없이 공연을 마친 후 우리는 서둘러 경주행 기차에 몸을 실었어. 2008년 11월 23일, 지난 1년간 준비했던 작업을 잘 마무리했다는 뿌듯한 마음과 너를 무척 아끼셨던 할아버지를 잃은 슬픈 마음이 동시에 들었던 날이었지.

지구별 여행자는 네가 중등 1, 2학년 때 다녔던 여행 프로그램이었어. 매주 토요일마다 하자센터가 있는 영등포까지 갔는데 처음엔 시큰둥하다가 여행의 맛을 느끼고부터는 끝나는 걸 무척 아쉬워했었지. 한 달에 한 곳 여행 갈 장소를 정하고 3주 동안은 그곳과 관련된 영상과 자료를 보면서 환경과 문화, 특색 등을 알아

보고 노래나 언어 등 여행지를 보다 제대로 알기 위해 익혀야 할 것을 찾아 익혔지. 4주 차에는 각자 대중교통을 이용해 약속된 장소에 집결해서 많은 걸 보고, 경험하고, 느꼈어. 지리산, 서울, 경주, 철원, 영월, 군위, 가거도 등 전국이 좁다 하고 다녔지. 여행자가 되기 위해 중1 학년부터 22세 형들까지, 전국 각지에서 모였고, 일반 공교육 학생, 대안학교 학생, 자퇴생, 대학생까지 섞여 있어서 정말 다양한 사람들과 교류 할 수 있었어. 너는 사춘기를 겪으며 방황하던 시기였는데 사는 모습이 각양각색인 사람들을 만나면서 엉켰던 마음의 잔가지들을 쳐내고 앞으로 어떻게 살고 싶은가에 대한 고민도 할 수 있었던 기회가 되었던 것 같아. 우쿨렐레로 음악을 만들고, 영상을 만들고, 여행 동선과 여행지에서 할 일을 짜면서 각자의 위치에서 맡은 바 책임을 완수하며 몸과 마음이 쑤욱~ 하고 클 수 있었지.

방학 때는 몇 주간의 일정으로 해외를 나가기도 했는데, 기간이 길었던 이유는 관광이 목적이 아니라 그들의 삶 속에 뛰어들어 같이 호흡하는 시간이 필요했기 때문이었어. 특히 베트남은 복구될 수 없는 전쟁의 상처가 있는 곳, 더욱이 민간인 학살이 자행되었던 마을은 미군과 함께 한국군에 대한 증오도 남아 있어서 한국 사람이라면 마을 입구조차 발을 들일 수가 없다고 했지. 그중 하나였던 까마우 마을에 어렵사리 방문 허가를 받아 위령비에 참배하고, 베트남전의 생존자이신 마을 어르신들께 전쟁의 책임이 있는 자들의 후손으로서 진심 어린 사과를 하고 왔다고 했어. 슬픈 자장가의 마을이라 불리는 빈호아에서는 마을 아이들과 놀고, 중학생들과는 우정을 나누는 축구도 하고 말이야. 다낭 대학생들과는 짝꿍 여행을 했지. 물론 갑자기 한국 아이들 몇 명이 찾아와 사과했다고 해서 그들의 상처가 다 씻기는 것은 아니었겠지만 너희들은 너희가 할 수 있는 바를 했던 거야. 최소한 부끄럽게 살지 않기 위해서.

지구별 여행자로서 세상을 만났던 2년은 네가 부모가 쳐 놓은 좁은 울타리를 벗어나 참된 자아를 찾아가는 성장의 여정이 되었어.

초등학교 1-2학년 때는 해마루 연극 놀이터의 배우로, 중학교 1-2학년 때는 지구별에 온 여행자로 학교 밖 활동하며 신나는 2년간을 보냈어. 연극을 만들고 여행을 준비하는 과정에서 무한 성장하며 상원이의 인생 퍼즐을 하나씩 맞추어 가고 있었지.

독수리… 날자, 날자꾸나

약하고 아픈 이에게 눈 돌릴 줄 알았던 너. 강아지 도리를 데려올 때도 애견 센터에 있는 제일 못생기고 털이 숭숭 빠진 아이를 선택하던 너는 어렸을 적에 꿈이 뭐냐고 물으면 군인이나 경찰이 될 거라고 대답했어. 초등 고학년이 되자 육군참모총장이나 대통령까지도 되고 싶다고 했었는데 왜냐하면 진정한 힘이 있어야 약한 것들을 제대로 지켜 낼 수 있다는 것을 크면서 점점 알게 되었기 때문이야. 진로

를 선택해야 할 때가 되자 세상을 바꾸려면, 사람이 살기 좋은 세상을 만들려면 내가 할 수 있는 일이 무엇일까? 를 고민했어.

 입시를 치르면서 꿈은 일단 접어 둔 채 당장 눈앞에 놓인 점수에 연연해야 할 때, 너는 혼란스러워했지. 하지만 능력도 없으면서 말로만 무엇인가를 지키고자 하는 것은 허상이라는 결론을 내렸고 그 결론을 원동력 삼아 힘든 과정을 견디며 꿈에 한 발자국씩 다가갔어. 방학 중에는 모의 유엔이나 정책 토론대회 등에 참가해서 시야를 넓혔고 대학에서는 진로를 언론 방송 쪽으로 택하면서 말과 글로써 힘을 가지는 법을 알고자 했어. 투병 중에도 틈틈이 선배들을 찾아 고민을 나누면서 이상과 현실 사이의 간극을 메꾸고 싶어 했고, 선배든 동급생이든 후배든 가리지 않고 네가 만난 사람에게서 배워야 할 점을 빼곡히 메모해 두었어. 아파지고 보니 사람 보는 눈이 좀 달라졌다며 예전엔 몰랐는데 별 관심 없던 사람도 만나보니 장점이 참 많더라고 했지.

 건강이 좀 회복되어 다행히 학교로 복귀할 수 있었고 국회에서 말단 보좌관으로 근무할 기회를 얻어 정치인들의 생생한 모습을 근거리에서 보게 되었지. 권력의 힘도 느꼈고 실

망한 점도 있었겠지만, 너는 주어진 삶의 시간 안에서 네가 무엇을 할 수 있을지에만 집중했어. 뉴스를 보고 글을 쓰고 세미나도 들으러 가고 토론도 하고 어떤 형식으로든 누군가에게 도움이 될 수 있는 사람이 되고 싶어 했어. 뇌에 전이된 종양을  제거하는 수술을 두 번이나 받아 지력이 떨어지고 부족하다 느껴질수록 더 치열하게 살려고 했지.

 오랜 기간 항암치료를 했기 때문에 치료하면서 일상생활을 제대로 하기에 힘에 부쳤는데도 너는 가만히 누워 있지 않았어. 마라톤 대회에 나가서 걷다시피 하면서도 끝까지 5km를 완주했고, 과천 Book 살롱 모임에 나가서 글을 쓰고 이웃 작가님들과 함께 공동수필집을 냈지. 적은 지면을 채웠지만 그 속에는 삶의 거센 바람이 지나가고 이제는 맑고 고요해진 호수 같은 네가 보이더구나.

너는 네가 원하는 삶을 살 수 있다고 믿는 사람이었고, 그것을 위해 노력할 줄 아는 사람이었고, 너를 불가능이라는 울타리에 가둬 놓지 않는 사람이었다. 남들이 너의 꿈을 어릴 적 치기어린 생각에 불과하다고 여긴다 해도 너는 자신을 의심하지 않았어. 왜냐하면 목표를 정하고 가다가 힘에 부쳐 더는 못 가겠다 주저앉게 될지라도 아예 처음부터 안 가면 제로일 테고, 움직인다면 꿈에 도달할 가능성과 도달 못 할 가능성이 5대 5가 되기 때문이었지. 너는 너의 목표에 1cm라도 가까워질 수 있다면 무조건 행동하는 것을 택했던 사람이었어.

 삶과 죽음의 경계에 서 있는 너의 눈앞에서 불가항력의 시계가 째깍거리며 돌아갈 때도 마지막 1분 1초까지 비상하고자 하는 꿈을 버리지 않았던 네게 박수를 보낸다.

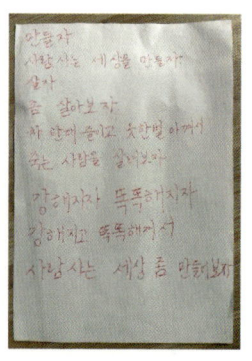
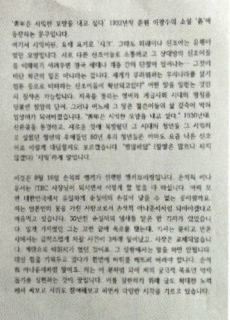
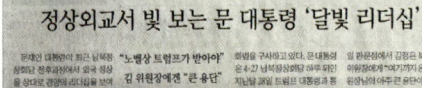

군인 아저씨, 경찰 아저씨가 되고 싶다가 육군참모총장에 정치가도 되고 싶어 했지. 언론정보학과로 진학을 한 뒤엔 참되고 바른 언론인으로서 세상에 어떻게든 도움이 되고 싶어 했어. 그래서 쓸모 있는 사람이 되고자 공부도 열심히 하고 세상 뉴스에도 관심을 기울이고 관련 서적이나 세미나도 부지런히 찾아다녔지. 네가 꿈을 못 이루고 설혹 청소부가 되었다 해도 넌 골목을 환하게 하려고 땀을 뻘뻘 흘리며 맡은 일을 열심히 했을 거야. 넌 그런 사람이니까.

5

봄은 겨울이 꾸는 꿈

우리 상원이

김태규
과천외고 친구

상원아,
우리 상원이 보고 싶다.
정말 많이 사랑하고 고맙고 그리워 상원아.
너를 처음 만났을 때 왜 그렇게 너한테 장난을 치고 싶던지 처음 만난 날 장난스러운 표정으로 따뜻한 말을 하는 너를 보며 처음 만난 날부터 느꼈어, 우린 잘 맞을 거란 걸.
혼자 하면 그냥 지나가는 일상이고 혼자라면 절대 하지 않는 일인데 같이 하면 그 순간이 특별하고 즐거웠던 거 같아. 버스정류장에서 영상 찍으며 말도 안 되는 질문들로 서로 인터뷰하다가 버스가 눈앞으로 지나가서 둘이 소리 지르며 뛰어 버스 잡았던 거, 한겨울 제주도 해변을 해가 질 때까지 사진 찍고 노래 부르며 걸었던 거, 길 없는 갈대밭 속으로 비집고 들어가서 사진 찍었던 거, 돌탑 쌓아서 너와 정인이 그리고 나 셋이 평생 친구 하게 해달라고 소원 빌었던 거, 너와 함께 한 모든 시간들이 정말 소중해 상원아.
미래 우리의 삶에 대해 자주 꿈꾸고 얘기하곤 했잖아. 너와 함께 그렸던 미래와 다짐, 너와 나눴던 말들을 지키기 위해 노력할게. 너한테 부

끄럽지 않게 살아갈게.
난 언제나 우린 함께인 마음으로 지낼 거야. 넌 나의 평생 친구니까. 만나고 헤어질 때마다 내 손을 꽉 잡아준 따뜻하고 강한 우리 상원이. 다시 만날 때는 내가 너에게 달려가 너의 손을 꼭 잡고 힘껏 꽉 안아줄게 사랑한다 상원아.

태규가

상원이에게

서정인
과천외고 친구

상원아, 안녕?
네가 떠난 지도 어느덧 세 달이 다 되어가네. 벌써 무더운 여름이 가고 더위가 천천히 추위에 힘을 잃는 가을이 찾아온 거야. 얼마 전 또 다시 너와 같이 찍은 사진들을 돌려보는데, 처음 너를 보았던 고등학교 2학년 때가 얼마 전인 것만 같은데도 정말 많은 추억과 사진을 남긴 6년이더라고. 짧다면 짧고 길다면 긴 시간이지만 그 6년 사이에 네가 남기고 간 빈 자리가 크게 느껴지는 요즘이야.

처음 만난 고등학교 2학년 때부터, 너는 정말 강렬한 인상으로 다가왔어. 고등학교 생활 중간에 갑자기 전학을 오게 되어서 모든 게 낯설 만한 상황에서도, 너는 나보다도, 다른 학생 그 누구보다도 적극적으로 학교 생활을 해 나갔고, 그렇게 너는 반장, 나는 부반장을 하게 되면서 친해질 수 있게 되었던 것 같네. 지금 돌아보니 내가 부반장을 한 것이 참 축복이었던 것 같아.

첫인상부터 강렬했던 만큼, 너와 같이 한 학교 생활도 참 재미있었던 기억이 많아. 내가 매번 놀렸던 너의 영어 말하기 대회 스피치에서 시진핑과의 대화 장면은 아직까지도 잊을 수 없는 기억 중에 하나야. 자기소개와 일방적 스피치의 향연 속에서 미래의 너 자신이 대한민국의 대표자가 되어 시진핑에게 묻고 싶은 것들을 직접 대화 형식으로 풀어내는 모습에는 확신이 서려 있어서 내게도, 그리고 아마도 그 자리에 있었던 모두에게도 마치 실제 시진핑과의 질의응답을 하는 상원이의 모습을 그릴 수 있게 해 줬던 것 같아

　　　　이것 말고도 3학년 수능 준비가 한창이었던 어느 날 네가 머리를 삭발하고 왔을 때, 그 때부터 삭발이 같은 과 남자들의 머리스타일이 되어 있었던 것, 제주도로 가게 된 고등학교 수학여행에서의 추억, 그리고 무엇보다 소소한 고등학교 생활 하루하루를 쌓아 나가면서 만들게 된 작은 기억들까지, 너는 내 고등학교 생활의, 우리 모두의 고등학교 생활에서의 빠져서는 안 될 부분이었고 존재였던 거야.

기억 나? 우리 입시 끝나고 2019년의 첫 달에 갔었던 제주도 여행, 태규랑 셋이서 수능 끝나고 첫 여행이라고 신나서 겨울 바다 추운 줄도 모르고 해변가에서 음악 들으면서 신나게 20킬로미터를 걸은 거, 성인 되고 처음 먹는 술이라고 소주 한 병을 두고 셋이서 우쭐대며 마시다가 다들 곯아 떨어진 거, 너의 제안으로 우도 수풀 탐험 일정이 추가되어버린 태규의 우도 여행 계획, 그리고 택시기사 아저씨의 급작스러운 맛 집 추천까지.

지금 돌이켜보면 제주도 여행도 네가, 그리고 가끔은 태규와 나를 당황하게 만들었던 너의 약간의 충동적이고 즉흥적인 모습이 없었으면 만들지 못했을 추억들, 남기지 못했을 기억들이야. 추운 해변가를 네가 걷자고 했기에 예쁜 카페와 멋진 바다를 구경하고 소중히 간직할 사진을 남겼고, 네가 우도 뒤쪽도 돌아보자고 했기에 멋진 갈대 숲이 있는 우도의 다른 면을 볼 수 있었어. 네가 우물쭈물하고 있는 우리 대신에 맛 집 추천에 응했기에 기억에 남는 회를 맛볼 수 있었던 거고.

제주도 여행 말고도 서로의 생일을 축하해준 성남 글램핑장에서, 사진 맛 집을 찾은 홍대 호캉스에서, 별이 찬란하게 보이는 길을 가진 두물 머리 황토방에서, 멋진 호수 뷰를 가진 광교 호수 앞 식당에서, 매번 영화를 보러 갈 때 찾게 된 용산역 CGV에서, 그리고 무엇보다도 자주 편하게 만날 수 있었던 과천에서까지, 너는 너무나도 많은 추억의 조각 들을 나한테 남겨주고 간 것 같다.

나는 요즘 네가 안겨준 추억들을 돌아보면서, 네가 없는 나의 삶에는 뭔가 빠진 것만 같이 부족함을 느끼고 있어. 요즈음에는 태규랑 만날 때마다 너라면 이런 저런 상황에서 어떻게 할까, 라는 얘기를 하곤 해. 그리고 나도 계획과는 조금 달라도 너무 즐거운 우리의 추억들을 돌아 보면서 조금은 더 새로운 것들에 뛰어들어 보려고. 그러니까 조금만 기 다려주면 계획이 틀어져도 당황하지 않고 제대로 즐기는 새로운 내 모 습으로 바뀌어 갈 테니까 달라진 그 땐 달라진 나를 봐도 너무 놀라지 말라고! 그 때까지, 조금만 기다려줘!

나의 10대의 마무리와 20대의 시작을 즐거움으로 가득 채워줘서 너무나도 고맙고, 보고 싶다 상원아.

2023년 9월, 너의 친구 정인이가

애제자 상원에게 띄우는 단상

구본식
과천외고 2학년 담임선생님

상원아, 잘 있지?
너를 떠나 보내고 무슨 말을 어떻게 할지 몰라서 우두커니 한참을 길에 서서 하늘만 바라보고 있을 때가 있었단다.
구름 낀 가을 하늘이 왠지 네가 살고 있는 곳만 같아서 멍하니 먹먹해 할 때가 있었단다.

멀지 않은 옛날에 한 아이는 대통령이 된다고 했었지.
그 아이는 밝은 미소를 지니고 있었고 총명하였으며 자기보다 어려운 사람들을 위할 줄 아는 따뜻한 아이였어.
배우는 것도 좋아하고 공부에 대한 욕심도 있어서 미래가 촉망 받는 아이였어.
서울대에 입학하게 되었다는 소식에 연신 "고마워요. 선생님" 하며 웃음짓던 그 아이의 표정.
넌 정치인이 된다고 했었지.
넌 한의사가 된다고도 했었지.
꿈 많던 네가 지금은 우리들 곁에 없구나.

어쩌면 하느님은 보석처럼 반짝이는 널, 너무 일찍 곁에 두고 싶었나 보다.

상원아, 잘 지내지?
그곳은 병환의 고통이 없는 세계
그곳에서는 아무 걱정 없이 편하게 웃고 하고 싶은 거 다 하고 지내거라.
우리 함께 수업했던 "님의 침묵"의 아름답던 그 구절처럼
"우리는 만날 때 떠날 것을 염려하는 것과 같이 떠날 때에 다시 만날 것을 믿습니다."
널 만난 건 나의 자랑이었고 행운이었어
언제가 다음 세상에 다시 태어나서 만나도 나의 제자로 태어나 줘.

그래도 그래도
세상의 머무는 모든 것들이 영원할 수 없다는 걸 안다만 서도
그럼에도 그럼에도
세상에서 가장 슬픈 건
"선생님!"하던
너 닮은 목소리마저도 다시 들을 수 없는 현실인가 보다.

솔직한 마음

서혜지
서울대학교 친구

뭐가 그리 급했을까. 난 알 수 없다. 끝자락에서 많은 것을 이루려고 했던 너의 계절을 어느새 마무리했다는 말을 들은 난, 가슴이 쿵 내려앉았다. 손은 주체할 수 없이 떨렸고, 우리들의 잔상들만 스쳐 가는 것이다. 무슨 말을 더 할 수 있을까. 앞으로 네가 봤어야 하는 세상이 무수히 많은데, 입 밖으로 나지 않는 소리는 내 목 안을 텁텁하게 한다. 나중에 한 번 보자는 말이 공허해진 이 시간이 문제라며 탓하고 싶다.

울컥하는 마음에, 멍하니 창 밖을 바라보는데 세상이 푸르게 빛나는 것이 참으로 밉다. 이토록 날이 좋은 날이건만, 왜 날 울리려는 걸까. 가뜩이나 위태로워진 마음에 불을 지피다 못해 이미 재가 되어버린 기분이다. 하늘이 이토록 무심했었나, 어쩌면 세상이 망해가는 징조가 아닐까, 싶다.

그럼에도 너에게 꼭 하고 싶은 말은 지금껏 잘해왔고, 그런 널 항상 응원해왔다는 거. 고생이 진짜진짜진짜 많았다. 더 챙겨주지 못했던 내가 많이 미안하다. 우리에게 켜켜이 쌓은 시간이 그리 많지 않았다고 생각할지라도 나는 안다, 너와 얼마나 더 재미있는 추억을 쌓을 수 있었을지. 그렇기에 난 충분히 의미 있게 나의 방식대로 널 애도하겠다.

--

여기까지가 내가 너의 소식을 들은 날, 자취방에 홀로 응어리진 내 감정을 마구잡이로 분출해 썼던 글이다. 잘 쓴 글은 아닐지라도, 그만한 감정에 솔직한 글이었다고 자부한다.

우리는 새터 둘째 날 밤이 되어서야 통성명하며 친해지게 되었는데, 우울해 보이는 너 앞에서 웃기겠다고 냅다 춤추던 나는 그날 밤, 너의 웃음을 잊지 못한다. 이후 밥약하면서 맥주 빨리 마시기 대결을 하는 널 놀리던 순간의 즐거움을 잊지 못한다. 병문안을 갔다가 석양 앞에서 내 빨간 머리가 한껏 풀어 헤쳐진 사진을 찍어준 너의 모습을 잊지 못한다. 내 인생의 첫 연극을 보러 와준 너를 목격했을 때의 울컥함을 잊지 못한다. 스타벅스 카페에서 커피를 사주던 모습, 64동에서 수업을 듣는다고 엘리베이터 앞에서 만난 순간들, 도통 잊을 수 없는 것들뿐이다. 그리고 여전히 네가 선물해 준 알파카가 내 곁에 남아 자취방을 지켜주고 있다.

이 글로 하여금 세상엔 여전히 너를 기억하고, 그리워하는 사람들이 남아있음을 기억해주면 좋겠다. 참, 고맙다. 나와 친구 해줘서.

서혜지 씀

보고 싶은 상원이

손용훈
한결 유치원 때부터 친구

상원이 어머니에게 전화가 왔다.
상원이에 대한 이야기를 써달라고 하셨다.
나는 평소에도 문득, 생각보다 자주, 상원이 생각이 난다.
그럴 때면 난 내 마음대로 상원이를 만날 수 있다.
하지만, 혼자가 아닐 때는 항상 조심스럽다….
그렇기에 이 글 또한 조심스럽다.
아래 내용은 내가 사랑하는 상원이에 대한 기억들이다.

최상원,
나는 상원이를 초등학교 4학년때부터 기억한다.
또래보다 덩치가 큰 친구였고, 항상 경훈이 부모님께서 하시는 '색연필'이라는 문구점에서 '쿠키 앤 크림'이라는 아이스크림을 적립된 포인트로 사 먹는 친구였다.
학교가 끝나면 우리는 경훈이 집에서 영어책CD를 듣거나 영어영화를 보았다.
경훈이 어머니에게 같이 영어도 배웠는데, 영어단어 외우기를 하면 상원이가 항상 꼴찌로 통과했다. 상원이는 단어 암기 외에도 무엇이든 느린 편이었지만, 꼼꼼한 면이 있었다.
나는 상원이와 싸우면 질 걸 뻔히 알면서도 많이 놀렸다. 상원이는 항상 화내면서 쫓아왔고 난 도망갔다. 그냥 그게 재밌었다. 그렇게 상원이와 가까워졌던 것 같다.

평소 상원이는 메이플스토리라는 게임의 오르비스 헤어 라는 머리를 가장 좋아해서 실제 머리스타일도 항상 앞머리를 기른 후 한쪽으로 넘기고 다녔다. 상원이는 항상 밥 먹기 전에 물을 다 마신 후 빈 컵을 입에 흡착시켜 자국을 내는 습관이 있었다. 상원이는 기억이 안 난다고 하지만 난 확실하게 기억한다.

M108이라는 수학학원을 같이 다녔고, 가장기억에 남는 사건이 있다면 쉬는 시간에 잠깐 밖에서 축구를 하고 들어왔는데 상원이 발 냄새가 너무 심해서 선생님이 수업을 멈추고 상원이 양말을 비닐 안에 넣고 나서야 수업을 했던 일이다. 반대로 상원이는 학원 자습시간에 내가 억지로 트림을 하다가 나도 모르게 소리가 크게 나 버린 적이 있었는데, 그때 옆에 있던 형이 깜짝 놀라면서 'x발' 이라고 했던 게 아직도 웃기다고 했었다.

상원이랑은 '라이어'라는 악기도 같이 배우고, 저글링도 배우고, 합기도도 배우고, 정말 지금 생각해도 별에 별걸 다 같이 했던 기억이 있다. 글을 쓰면서 상원이의 허당 같은 모습들이 자꾸 떠올라서 웃기다.
잠옷파티를 할 때면 우리는 항상 닌텐도를 챙겨서 콜오브듀티라는 총게임을 했었다. 상원이는 공격속도는 느리지만 파워가 제일 센 바주카

포를 주로 사용했다. 상원이는 승부욕이 항상 넘쳤다. 그래서인지 무언가 같이 하면 더 열심히 하게 되고, 놀리는 맛도 있고 심심할 날이 없었던 것 같다.

상원이는 2층 주택에 살았는데, 지하실로 가는 계단은 우리에게 공포의 대상이자 호기심의 공간이었다. 가장 덩치도 크고 힘도 센 상원이었지만 우리 중에 겁이 제일 많아서 웃겼다.

토끼를 키우기도 했고, 강아지를 키우기도 했다. 집 앞에 작은 텃밭도 있어서 같이 씨를 심기도 했었다.

그리고 상원이는 항상 신기하게 생긴 테이프를 손가락이나 손목에 감고 다녔다. 기와 관련된 테이프라고 했던 기억이 난다.

내 삼촌에게 우리는 다같이 고래를 잡혔다. 아직도 그때의 장면이 너무 생생하다. 서로 종이컵을 낀 채 어기적어기적 마취가 풀린 후에는 서로 악악거리기 바빴다. 상원이는 우리보다 고통이 더 심해서 학교 갈 땐 바지 안에 컵 대신 대야를 넣고 다녔다.

중학교에 들어간 후에는 모두가 그랬지만 유독 상원이는 사춘기가 심하게 온 것처럼 보였다. 그래서 서로 갈등도 많았고, 어려운 시기였던 기억이 난다. 내가 기억하는 중학교는 정글이었다. 상원이는 여전히 노는 걸 좋아했고 그 안에서 살아남기 위해 상원이는 많이 무모 해졌다. 상원이에게 실망도 많이 했었고, 멀어지기도 했고, 그랬다.

중학교 2학년때는 같은 반이 되었고, 중학교 3년을 통틀어 2학년때가 가장 재밌었다. 사건사고도 많았지만 그만큼 친구들과 재밌게 지냈고, 상원이의 의외의 모습들도 많이 봤었다. 하지만 초등학교 때만큼 상원이와의 기억이 많이 남아있지 않다는 걸 글을 쓰면서 새삼 느낀다.

그렇게 시간이 흘러 서로 다른 고등학교를 가게 되었다.

특히 고등학교를 가고 난 뒤에는 상원이의 이야기를 친구들을 통해 간간히 들었다. 여기저기 이야기가 많이 들렸지만 공통적으로 하는 말이 "최상원이 공부를 공부를 미친 듯이 한다" 였다.

그래서 속으로 상원이가 열심히 하고 있구나 생각했다. 그리고 얼마 지나지 않아 과천고등학교에서 과천외국어고등학교로 편입을 했단 이야기를 들었다. 이때는 단순히 열심히 하고 있구나 라는 생각보다 상원이가 왜 갑자기 그렇게까지 하는지 궁금했다.

우리는 경훈이가 가나에서 한국에 들어올 때마다 한 번씩 모였기 때문에 근황을 공유 할 수 있었다. 어쨌거나 내 기억 속의 수험생 상원이는 세상과 단절하듯 공부를 했던 친구였다.

그렇게 또 시간이 흘렀고, 상원이의 서울대학교 합격 소식을 듣게 되었다. 정말 대단하다고 생각했다.

그리고 얼마 지나지 않아 상원이의 암소식도 엄마를 통해 듣게 되었다. 엄마는 펑펑 울면서 내게 말을 했고, 난 그대로 집을 나가 상원이에게 전화를 했다. 상원이가 전화를 받는 순간 나는 괜찮냐는 말과 함께 나도 모르게 눈물이 터져 나왔다. 상원이는 되려 괜찮다며 우는 나를 달래 주었다. 본인이 가장 힘들 텐데도 말이다.

감정이 쉽게 가라앉지 않아 통화는 오래 할 수 없었다. 전화를 끊고 나서 나는 마음을 먹었던 것 같다. 상원이를 위해 뭐든 해봐야겠다고 말이다.

다행히도 상원이와 집이 가까웠기에 나는 상원이를 자주 보러 갈 수 있었다.

상원이와는 정말 많은 이야기를 나누었는데, 아무에게도 말하지 못할 비밀까지 서로 털어놓았다.
그렇게 하루 이틀, 그 동안의 공백기가 더욱 단단하게 채워질 수 있었다.
상원이는 암 투병 중에도 여전히 밝았고 긍정적이었다. 호기심이 많았고, 꿈도 많았다. 그런 상원이와 이야기하는 게 나는 좋았다. 그래도 한편으로는 상원이에 대해 항상 걱정했다. 하루는 상원이가 자신이 걸린 암에 대해 설명해준 적이 있는데 이름이 되게 생소했던 걸로 기억한다. 본인도 막 뭐가 이상한 암이라고 말하면서 툴툴거렸었다.
상원이는 병원에 있을 때도 있고 집에 있을 때도 있었다. 가끔은 상원이가 너무 힘들어 보일 때도 있었고, 또 어떤 때는 너무 건강해 보이고 행복해 보이기도 했었다.

상원이와 나는 같은 선생님에게 피아노를 배웠다. 상원이는 악보를 못 보지만 건반을 다 외워서 치는 스타일이었다. 하루는 빡빡이 가 된 채 피아노 치는 상원이의 뒷모습을 봤는데 복잡한 감정이 들었다. 초반에 상원이는 빡빡이 가 된 모습을 남에게 보여주는 걸 매우 싫어하는 것 같아 보였다. 하지만 내 앞에서는 그런 모습도 보여주는 게 고마웠다. 상원이는 패션에도 관심이 많았다. 그래서 항상 인스타나 유튜브로 이것저것 많이 찾아보고 같이 이야기하곤 했다. 어느 순간부터는 가발도 사서 쓰고 다녔다.
상원이는 나에 대해 관찰하고 분석을 많이 했다. 그리고 항상 나의 장단점들을 객관적으로 말해줬다. 한번은 서울에 맛있는 딤섬 집이 있다고 나를 데려간 적이 있는데 돌아오는 버스에서 상원이가 나를 닮고 싶다고 말했던 기억이 난다. 나의 장점들을 말해주며 나뿐만 아니라 자신이 좋아하는 것들을 자신의 일부로 흡수하고 싶다고 말했다. 그런 말을 하는 상원이에게 왠지 모를 편안함을 느꼈다.

한번은 상원이가 병원에서 독방을 쓸 때 병문안을 간 적이 있다. 한강 뷰의 독방은 넓기도 넓었고 경치가 정말 끝내줬다.
그날 우리는 상원이의 선택 하에 피자, 파스타, 치킨을 시켜 먹었다. 이런 거 먹어도 되냐고 하니까 이미 이런 질문을 많이 받아봤는지 인상 쓰면서 괜찮다고 하였다. 그렇게 내 인생에서 처음으로 한강 뷰 병실에서 상원이와 배달음식을 먹었다. 병원이 아니었다면 더 좋았을 텐데 말이다. 상원이는 멋있다.

호원이가 군대에 들어가기 전에 승현이, 경훈이, 우빈이, 요한이, 호원이, 나, 상원이 다 같이 펜션에 놀러 갔다. 이 때는 상원이가 아프다는 사실도 잊을 정도로 정신 없이 웃고 놀았던 기억이 난다.

그리고 2021년 새해 첫날에는 경훈이, 재영이, 현준이 상원이와 관악산 해돋이를 보러 갔다. 관악산 정상인 연주대까지 갔다. 상원이의 의지와 노력은 정말 대단했다. 유난히 추운 날이었고, 산 정상에서 맞는 바람은 더 추웠다. 그래도 우리는 결국 해돋이를 보고 내려왔다.

최상원, 강경훈, 손용훈, 조아연 이렇게 네 명 이서도 자주 만나곤 했다. 나는 이 멤버가 너무 좋았다. 상원이에게 경훈이, 아연이는 나보다 일찍이 알고 지냈던 사이기도 해서 상원이가 더 편해 보이기도 했다.

나와 상원이는 언제부터 인가 서로 버킷 리스트나 하고 싶은 것 들에 대해 이야기하고, 각자 실행해 나가는 일을 했었다.

그 중 하나가 비가 오는 날 비를 흠뻑 맞으며 늦은 밤 아무도 없는 대공원에서 노래를 들으며 걷는 것이었는데, 상원이가 이 이야기를 듣자마자 되게 좋은 생각 같다고 했다. 이 외에도 내가 말할 때마다 같이 하고 싶어하는 것들이 있었는데, 상원이가 아프다는 사실을 나는 무시할 수 없었다. 하지만 친구로서 상원이가 하고 싶어 하는 걸 막고 싶지도 않았다. 그래서 같이 그럴 생각은 없었지만 아연이, 현준이, 상원이, 나 이렇게 넷이 만난 날 하필 비가 왔고 우리는 대공원을 갔다. 난 아직도 그날이 너무 기억에 남는다. 대공원을 돌고, 아무도 없는 리프트에 올라가 앉아도 보고, 운행 종료된 코끼리 열차에서 비를 피하기도 하고, 무엇보다 상원이가 계속 웃고 있었고, 너무 행복해하는 게 눈에 보였다. 그거 면 충분한 게 아닐까 생각이 들던 시기였다.

사실 상원이가 병원에 입원해 있을 때 외출을 하면 안 되는데 몰래 탈출을 한 적이 있다.

그날 우리는 잠실 롯데 타워에 가서 망고 빙수를 먹었다. 상원이는 병원 복을 입은 채로 갔기에 사람들이 계속 쳐다봤지만 신경 안 쓰는 듯했다. 그때 당시 상원이는 시력이 많이 안 좋았는데도 불구하고 우리가 깜빡 하고 영화 보자는 의견에 좋다고 했다. 상원이는 어쩌면 영화보다 더 중요한 게 있던 게 아닐까 생각한다. 또 상원이가 보고 싶다.

상원이가 항상 밝고 친절했던 것만은 아니었다. 상원이는 투병 중에 나에게 힘든 것들을 말할 때가 있었는데, 내가 해줄 수 있는 건 상원이를 웃겨주는 것 밖에 없었다. 아마도 상원이는 나한 테 말하고 표현한 것보다 훨씬 더 힘들고 절망스러웠을 것이다. 그 힘든 수술들과 치료를 받는 상원이의 기분은 감히 상상할 수 없는 게 당연하다.
하루는 상원이가 뇌수술을 하는 날이었다. 꽤 중요하고 큰 수술이라고 했다. 그날 나는 상원이가 수술실에 들어가기 직전까지 영상통화를 했다. 수술 시작 전에 상원이는 영상통화를 하다 졸린다며 잘 테니까 시간되면 깨워달라고 했다. 상원이의 잠든 모습을 보면서 할 일을 하다 보니 어느새 두 시간이 지나 상원이를 깨웠고 상원이는 벌써 시간이 그렇게 됐냐며 수술실에 들어가기 직전까지 웃으며 그렇게 통화는 끝이 났다.

상원이는 수술 후에 완전히 다른 사람이 된 것 같았다. 분명 상원이는 맞지만 상원이가 아닌 것 같았다. 상원이 어머니에게 대충 상황설명을 듣고 나서야 어느 정도 이해가 됐다. 그럼에도 도저히 적응하기 어려운 모습들을 보여주는 상원이가 나는 너무 어렵고 힘들었다.
내가 본 그때의 상원이는 감정에 솔직하고 필터링이 없었다고 생각한다. 약간 어려진 상원이를 보는 기분이었다. 그래서인지 상원이의 주변 사람들은 상원이가 이상 해졌다고 생각을 많이 하는 듯했다. 하지만 상원이를 옆에서 계속 지켜본 나로선 그때 상원이의 행동이나 말들이 누군가에겐 무례하거나 불쾌할 순 있어도 결국 상원이의 속마음들이라는 걸 알았기에 상원이가 수술 후에 이상해진 게 아니라는 점에서 정말 다행이라고 생각했다.
상원이의 갑자기 달라진 모습을 아무리 이해한다 하더라도 결국 피할 수 없는 상황들은 생겼다. 이를테면 상원이와 나 둘 다 모두 친한 친구들과 상원이가 갈등이 생길 때 말이다. 그럴 때면 난 상원이를 이해 못해주는 그 친구들이 너무 미우면서도 반대로 상원이도 왜 그 친구들에겐 노력하는 모습을 보이지 않을까 화도 많이 났다.

그렇게 상원이와 멀어지는 친구들이 한둘 늘어나는 동시에 상원이의 상태는 점차 회복되었다.

내가 군복무를 하는 동안 가장 많은 이야기를 나누었던 사람이 상원이가 아닐까 싶다. 상원이는 누구보다 나를 잘 알고 나와 이야기하는 걸 좋아했다. 전역 후에 나는 음악을 하고 싶어 작업실을 빌렸다. 하루는 경훈이 상원이 아연이 이렇게 셋이서 놀러 왔었는데, 같이 노래를 만들었다. 제목은 서로의 성을 따서 '조강최손'이라고 지었다. 이 노래의 상원이가 직접 쓰고 부른 가사이다.

상원아 부끄러워도 공개할게

- 친구들 4명이 모여서 음악을 해
- 용훈이 경훈이 아연이 앤 미
- 용훈이는 4명이 같이 음악을 했으면 해
- 오늘은 마지막이니까. 마지막에 많이 챙겨주고 싶어
- 경훈이는 자기가 하고 싶은 노래를 명확히 알고 있어
- 흑인이 하는 노래를 좋아해. 흑인 새끼
- 아연이는 노래를 하고 싶은데 해보라고 하니까 못해
- 인정 이해. 첨부터 가사도 안 써보고 하라는 용훈이가 이상해.

이후에도 나는 상원이에게 조금이나마 동기부여가 되기 위해 노래를 하나 만들었다. 제목은 '상원아'이다. 사실 나의 답답함을 해소하고 싶어서 부른 노래이기도 하다.

내가 쓴 가사이다.

그 정도 하면 됐어 이제 돌아와

같이 해야 할 일이 넘 많잖아

여러 번 거뜬히 견뎌냈잖아
그쯤 했음 이제 돌아올 시간 됐잖아

저녁 먹게 집에 들어와
i dont want that 그냥 너만 와
아주 멋진 너의 시들과
i cant wait u tomorrow

그 정도 하면 됐잖아 이제 돌아와
i dont want together 날뛰는 너와나
하룬 그냥 떠나 그럼 좀 어때
하고픈 거 다해 보는 게 소원인데

화난 너의 모습이 난 슬퍼서
너를 만나면 안아주려고 했어

너무 수고했어 이젠 좀 쉬자
집에 와서 좀 편안하게 누워

i dont wanna see your change
and a
i dont wanna feel your die
ay
i dont wanna say goodbye
always thinkin bout u

지금 네 모습 사실 원래는 너가 원했던 모습
너가 원한다면 난 얼마든지 그래 줄게
지금 네가 마지막을 달리고 있다면
역겹고 슬퍼도 그냥 나 활짝 웃어볼게

알면서도 밀어내 그게 더 배려 널
이젠 나도 위를 봐 난 너를 믿어
그만 내가 미안해 너와 남긴 추억도
이제는 미래를 봐 아무리 힘들어도

그 정도 하면 됐잖아 이제 다시 돌아와
내가 도와줄게 나를 믿고 따라와
너를 부정하는 게 아냐
그냥 예전의 너가 그리울 뿐이야
그만하면 됐어 이제 집에 돌아와
한 마리의 나비가 되어 훨훨 넌 날아 갈 거야
날아올라가

돌아와
그만하면 됐어 이제 다시 돌아와

너 괜찮다고 했잖아
그만하면 됐어 이제 맘 편히 좀 쉬어
그만하면 됐어 이제 돌아와 집에
그만하면 됐어 이제 돌아와 집에

나랑 평범하게 웃고 떠들자 제발
어렵겠지만 난 너가 조금 쉬어 가길 바래

이런 상황에서도 결국 끝까지 옆에 있어준 친구들에게 내가 괜히 고맙다는 말을 전하고 싶다.
문득 또 상원이가 보고 싶다.

상원이와 단둘이 양양에 놀러 간 적이 있다. 서피 비치 라는 곳이었다. 택시를 타도 꽤 걸리는 거리를 우리는 무슨 이유에서 인지 걸어서 두 시간 정도를 갔다. 가는 내내 나는 불평했던 기억이 있는데 상원이는 마냥 해맑았다. 지금 생각해보면 가는 길에 있던 일들이 추억이 된 것 같다.
이 날 상원이의 고집을 꺾느라 애를 먹었다. 상원이가 자꾸 다른 여성 분들과 합석을 하자고 한 것이다. 여러 이유에서 나는 정말 싫다고 했는데도 상원이는 계속해서 나를 잡고 졸라 댔다. 상원이에게 미안했지만 끝내 나는 못하겠다고 했다. 그래서 숙소에 가기 전까지 상원이 눈치가 보였던 기억이 난다.
이 일 이후로도 많은 일이 있었지만 글로는 다 못 적기에 궁금해하는 사람이 있다면 내가 직접 이야기해주고 싶다.
지금까지 내가 가지고 있는 사진들을 보면서 기억을 되짚어 보았다
상원이에 대한 글을 쓰면 쓸수록 같이 했던 추억이 계속 생각난다.
상원이와 함께 한 시간들을 종이에 옮긴다는 게 너무 어려운 일이라는 걸 느낀다.
그래도 글을 쓰면서 상원이와 같이 있는 기분을 느껴서 좋다.
마지막으로 내가 하고 싶은 말은 상원이가 너무 보고 싶다.

그냥 너무 보고 싶다. 만나서 이야기하고 웃고 떠들고 놀리고 토론하고 미워하고 챙겨주고 그냥 보고 싶다.
다른 친구들은 어떨지 모르겠다.
나에게 상원이는 정말 특별했고, 나무 같은 존재였다. 앞으로도 그럴 것이고 나와 함께 할거라고 믿는다. 나는 나와 상원이에 대한 추억이 겹치는 친구들과 이야기를 자주 나눌 수 있었으면 좋겠다.

상원아 글 쓰는 게 이렇게 어려웠나 싶어. 시를 쓰던 네가 생각나네. 멋진 건 다 하려고 하던 네가 욕심쟁이긴 했어~ 보고 싶다 상원아 생각날 때 마다 서로 놀아주자. 사랑한다!

누구보다 치열하게 살아왔던 널 알기에

오동현
중학교 친구

갑자기 전해오는 소식에 믿을 수 없었다.
그 동안 얼마나 힘들었을까, 그 동안 얼마나 아팠을까
그저 묵묵히 견디고 참아온 너를 몰라준 내가 미웠다
어린 나이에 상상할 수 없었다.
그저 죽음은 영화나 드라마처럼 너무 멀게 느껴졌기에 막연한 생각으로 언젠간 회복 되겠지 하며 미래에 함께 노는 모습만 생각했을 뿐 다가올 수도 있는 현실은 애써 외면 했던 거 같다.

8/5일
네가 세상을 떠난 지 별로 안됐을 때 아직도 마음에 응어리가 남아 너를 보러 갔어
지수에게 밥도 사주고 코인노래방도 같이 갔다 잘했지?
네 동생은 다행히 씩씩하게 잘 살아가고 있더라
무슨 얘기를 해야 할지 모르겠기에 애써 네 얘기는 많이 안 꺼냈다 괜히 내가 울면 꼴값일거 같아서 그냥 일상얘기를 좀 했어
참 이상하더라 중 고등학교 때는 동생 얼굴 한번 본 적 없던 거 같은

데 너를 찾아갈 때 서서히 보다가 네가 떠나니까 따로 밥도 사주게 되네

그래도 종종 내가 연락하면서 밥도 사주고 할게 친구가 뭐 별거 있겠냐 이 정도는 해줘야지

어머니 아버지도 내가 종종 인사 드리러 갈게 니가 하도 속을 썩여서 많이 야위셨더라

아주 몰매 맞아야 해 넌 진짜

그래도 좀 너가 많이 맞아야 하긴 하는데 진짜 많이 맞아야 하긴 하는데

보고 싶네 상원아

다시 보는 날에는 진짜 뒤지게 맞아야 해? 알았지 ^-^

그 동안 고생 많았어 진짜

너와 함께 했던 학창시절 매 순간 순간 행복했었고, 같이 몰래 했던 일탈, 새벽에 하던 게임,

밤에 중학교 몰래 했던 공포체험, 체육시간에 하던 축구 다 덕분에 좋은 기억으로만 남아있네

낯간지러워서 이런 말을 있을 때 못해 줬던 게 아쉬울 따름이다.

그래도 이렇게 라도 전해 질 수 있다면 다행인가 싶어

그곳에선 부디 푹 쉬고 잠도 많이 자고 공부는 그만하고 임마

매 순간 순간 평안하고 행복하길 바래

이번 생에 나와 친구 해줘서 고맙다 상원아

다음에 보자

-사랑하는 친구 동현이가-

상원이에게

임진세 선생님
과천중학교 역사 선생님

상원아
샘이 상원이를 만났던 시간도 어느덧 아홉 해가 흘렀구나.

샘 기억 속의 상원이는 친구들과 장난치기 좋아하던 영락없는 중학생이면서도 수업 시간엔 사뭇 진지하고 믿음직한 제자였어. 새롭고 산뜻한 농담을 던지며 해사한 웃음을 짓던 네 모습은 그동안 샘 마음 한켠에서 추억이 되었다가, 용기가 되었다가, 그리움이 되기도 했단다.

기억나니 상원아?
너 중2 때였던가….
스승의 날인 걸 학교 와서야 알고는 노트를 찢어 편지를 썼다가 다음 날 다시 이쁜 꽃 편지지에 정성 가득 편지 써온 일 말이야. 상원이의 편지를 읽으며 샘 수업을 들으며 즐겁게 공부하며 마음 잡을 수 있었다는 말에 교사로서의 보람이, 감사하다는 말엔 이루 할 수 없는 고마움이 일었어.

더불어, 스승의 날 꽃을 사드리고 싶지만, 학생이라 돈이 없어 꽃은 못 사드린다고, 그렇지만 선생님이 꽃이니 괜찮다는 중2의 패기와 재치에 정말 크게 웃기도 했단다. 그땐 그렇게 상원이 덕분에 소소하게 웃음 넘치는 일화가 참 많았던 날들도 있었던 것 같아.

상원아,
너를 떠나보내고 샘은 생각이 참 많아졌어.

바쁜 일상에 쫓겨 잠시 잊고 있었던 샘의 초심을 떠올리기도 하고,
상원이를 가르치던 때의 열정을 다시금 되새겨보기도 하고,
'앞으로' 나는 어떤 희망의 증거가 될 수 있을까,
누군가에게 따스한 위로가 될 수 있을까를 고민하게 되었단다.

귀한 제자였던 너에게 받은 굳은 의지와 신뢰를 아로새기면서
샘의 소명을 잘 이어갈게.
앞으로의 날들에 샘이 흔들리지 않도록,
우리 상원이가 꼭 지켜주길 바란다.

선한 눈망울로 수업을 지켜주었던 너의 모습,
눈부시게 찬란했고 또 용기 있던 네 삶을 오래오래 기억하고 잘 간직할게.
함께 할 수 있었음에 고마운 마음도 함께 남긴다.

고통 없는 곳에서 넓은 세상 마음껏 날아다니며 편히 쉬기를…
고맙다, 상원아.

안녕, 상원아

윤연재
과천고등학교 친구

미루고 미루다 이 글을 쓴다. 처음에는 죄책감이 너무 심했어. 자꾸만 일을 핑계로 글을 미루는 게 너를 그만큼 아끼지 않았다는 증거 같아서, 멋들어진 문구 하나 제대로 생각나지 않는 게 내가 그만큼 슬프지 않았다는 증거 같아서. 그러다 더 이상 미룰 수 없어 마지못해 자판을 두드리는 지금에야 그런 생각이 든다. 어쩌면 나는 너를 그만큼 아꼈고 그만큼 슬펐기에 그랬던 걸지도 모르겠다고.

죽음은 어쩌면 떠나는 사람이 아닌 남은 사람들의 과제일지도 모르겠어. 너는 정말로 반짝반짝 빛나는 사람이었고 나는 그 찬란함을 결코 잊을 수 없을 테니까. 예전에는 잊어야 한다고 생각했어. 그래야 앞으로 나아갈 수 있다고 믿었거든. 그런데 오히려 잊는 순간 그 자리에서 벗어나지 못하게 되는 걸지도 모른다는 생각이 들더라.

죽음과 소멸은 다른 거니까. 그리고 넌 소멸하지 않았어. 네가 물들인 세상은 여전히 여기에 남아 있어. 네가 누비고 다녔던 순간들을 우리가 여전히 기억하고 있어. 그렇게 너는 아주 오래오래 우리와 함께일 거야. 사랑해.

연재가.

무제

김태우
과천중학교 친구

무당거미는 어린 시기를 산속 깊고 어두운 지역에서 보내다가 8월에 성체가 되면 더 밝고 열린 공간에 나와 거미줄로 집을 짓는다. 난간과 전깃줄 사이를 수놓은 무당거미의 집은 여름 새벽의 햇살을 맞아, 도금칠 된 듯 눈부셨다. 밤사이 어둠에 몸을 숨긴 채 먹잇감이 그리로 지나가길 기다리는 사자使者. 황금빛 거미줄엔 매일 아침 서너 마리의 나방이 줄에 묶인 채 죽음을 기다린다. 피할 수 없고 빠져나갈 수도 없는 덫에 걸린 작은 날개들은 밝아오는 아침의 해를 어떻게 견뎠을까.

올해 여름엔 유독 무당거미를 자주 마주쳤다. 새벽 운동을 가는 1분 남짓의 시간 동안 나는 세 마리의 무당거미를 각각 다른 장소에서 볼 수 있었다. 처음 집 난간에 매달린 거미를 봤을 땐 기겁을 하며 피해 갔고, 두 번째 볼 땐 이슬에 젖어 햇빛을 반사하는 거미줄에 넋을 놓았으며, 세 번째 볼 땐 그곳에 묶인 것들에 눈이 갔다. 어느 것 하나 이상한 점 없다는 듯이 자연스레 그 풍경을 지나칠 때쯤. 그제야 나는 너를 떠올릴 수 있었다.

처음 너의 입원 소식을 들었을 때, 나는 너무 분했다. 누구보다 치열하게 살았던 너의 시간에 대한 보답이 진정 한 단어의 병명일 줄은 꿈에도 몰랐었기 때문이다. 한순간의 사고인 줄로만 알았던 것은 오랜 시간 너를 갉아먹고 있었고, 그 누구도 그것을 알아채지 못한 채 홀로 인고의 시간을 보내왔을 너를 생각하니 측은하면서도 한편으론 답답하기도 했었다. 늦지 않게 찾아간 병원에서 우리는 이전과 같은 시간을 보냈다. 조촐한 음료수 딸랑 하나 들고 간 나와 친구는 오히려 더 많은 음식을 어머님께 대접받으며 네가 아프다는 것도 잊은 채 웃고 떠들다 시간에 쫓겨 지하철을 탔다. 네가 갖고 있는 그 병이 심각한 것임을 알고 있었음에도 애써 외면한 채 그저 아무렇지 않은 척, 금방 나을 거라는 막연한 기대를 하며. 함께 간 친구와 웃으며 병실을 나오던 그 날이 너의 온전했던 마지막 모습인 것을 미리 알았더라면 그 두 발이 그리 가볍게 떨어지진 않았을지도 모른다.

너는 머리카락을 밀었고, 모자와 가발이 늘어났으며, 패션에 관심이 생겼고, 글을 쓰기 시작했다. 한 뼘이나 더 컸던 너는 어느 순간 나보다 가벼워져 있었고, 유도 대회에 나가 상을 타던 근육질의 몸은 더 이상 찾아볼 수 없었다. 학창 시절 함께 놀던 무리 중 누군가는 대학 진학을 위해 공부하고, 누군가는 미뤄뒀던 치료를 받고, 누군가는 군 복무를 하며 모두가 다시 모이게 된 곳은 자주 가던 호프집이 아닌 너의 장례식장이었다. 병문안 이후 두 번째로 오는 병원은 꽤나 낯설었다. 조문실 앞에는 내가 선물한 비니를 쓴 채 웃고 있는 너의 사진이 걸려있다. 쭈뼛쭈뼛 들어선 우리. 이미 한바탕 눈물을 쏟으신 어른들께서 아리게 맞아주신다.

그날의 기억이 생생하다. 생각보다 좁았던 공간. 오래 있고 싶었지만, 빨리 자리를 비워주는 게 낫겠다는 어린 마음. 그걸 안다는 듯이 오래 있기를 부탁해 주신 부모님. 함께 온 친구들과 말없이 둘러앉은 식탁. 지인들에게 연락하기 위해 어머니께 건네받은 너의 핸드폰에는 내가 소홀했던 병자病者의 시간이 빼곡하게 기록되어 있다. 쇼핑몰 장바구니에 담긴 물건, 퉁퉁 부은 얼굴 사진, 가족과 찍은 셀카, 이해할 수 없는 글. 감히 반추反芻할 수도 없는 기록은 내 기억보다 자그마한 전파 덩어리에 더 많았구나. 반가운 얼굴들이 하나둘 들어온다. 너에게 인사를 마치고 자리를 채워나간 친구들은 하나같이 눈시울이 붉었다.

'나는 왜 울지 못하는가.'

슬픔 앞에서 나의 고질적인 문제는 이번에도 변함없이 나를 질문 속에 가둔다. 이 글을 쓰는 이유는 명확하다. 나를 묶고 있는 것으로부터 벗어나기 위한 발버둥. 슬프기 위해, 그리고 더 이상 슬프지 않기 위한 몸부림이라고 하겠다. 이 글은 과거 웃으며 지나쳤던 너의 아픔에 대한 사과이자 뒤늦은 후회이며, 울지 못한 그 날을 대신하여 흘리는 나의 눈물일지도 모른다.

4년이라는 시간 동안 그것에 묶여 너는 어떤 나날을 보내왔나. 너에게 밝아오는 아침의 해는 어떤 의미였을까. 아무것도 할 수 없어 몸부림조차 치지 못하는 너의 처절한 심정을 나는 왜 알지 못했는가. 나는 무엇을 해야만 했나. 너는 지금 나를 볼 수 있는가.

오늘 나는 마당 난간에 자리 잡은 무당거미의 집을 부쉈다.

상원에게

조아연

초등학교 때부터 친구

2023. 5. 15

최상원이랑 통화했다. 통화 내내 내 건강을 어찌나 챙기던지...
내가 그의 건강을 물어볼 수 있는 시간조차 주지 않았다.
나의 꿈은 무엇인지, 나의 행복한 기억은 무엇인지, 나의 생활은
어떠하고 기분은 어떠한지, 나의 인간관계는 어떠한지, 진짜
'밥'은 제대로 먹고 다니는지...
내가 그에게 하고싶던, 해야하는 질문들이었는데,
그가 나에게 대신 해주었다. 나는 대신 대답해주었다.
나의 친구. 나의 인생 절반을 넘게 함께 해 온 너. 꼭 나아라.

2023. 6. 16   01:36 am

오늘 너가 결국 떠났다는 소식을 들었어. 내 평생의 절반이
훌쩍 넘는 시간동안, 약 17년동안 내게 가장 가까운 친구
중에 한 명이었던 너를, 이제 마음 속에만 묻어야겠지.
최상원. 이 이름은 내가 죽는 순간까지 잊지 못할거야.
우리가 처음 만난 순간부터, 넌 오랫동안 내가 짝사랑하던
내 첫사랑이었고, 나도 한 때는 너의 짝사랑이었지.
너가 얼마나 힘들었는지는 난 절대 모를거야.
그걸 몰랐고, 이해하지 못했다고, 그게 아무것도 아닌 것처럼
말해서 미안해. 나의 억울함만 호소해서 미안해.
너를 너무 많이 잊고 살아서 미안해.
내가 조금만 더 일찍 너에게 전화했더라면,

조금만 더 자주 너와 이야기를 나누었더라면,
며칠만 더 일찍 한국에 돌아갔다면
그럼 널 더 잘, 선명히 기억할 수 있을텐데.
내가 너의 친구로서, 가족같았던 사이로서
덜 부끄럽게, 덜 염치없게 너를 추억할 수 있을텐데.
난 널 많이 사랑했고, 너와 함께 한 모든 시간들이 좋았어.
나와 같이 어린이가 되고, 학생이 되고, 사춘기도 겪고,
어른이 되어주어서 고마워. 상원아, 넌 멋졌어. 나중에 보자.

아직 네가 나와 이제 같은 세상에 있지 않다는 게,
실감이 안 나.

2023. 6. 17
너와 나눈 아름다운 추억들보다,
나를 힘들게 했던 너와의 전쟁이 더 선명해서
너무 후회가 돼.
그 일 이후에 우리가 웃는 날들로 더 많은 하루를
채웠다면, 그 아픈 기억이 좀 연해지고
함께 웃으며 얼굴을 마주보던 우리가
더 선명히 기억되었을까.
그치만 우린 알아. 서로 얼굴을 보지 않고,
말을 하지 않을 때에도,

우린 속으로 늘 서로를 생각하고, 속으로 계속해서
말을 하고 있었어.
전하지 못 한 얘기가 언젠가는 서로에게 전해질 날을 기다리며.
난 그 날이 곧 올 줄 알았어.
내가 곧 한국에 돌아가면, 드디어 우리가 서로 눈을 보고
예전처럼 웃으며 이야기할 수 있겠구나.
인생이 꼭 행복하고 희망차진 않더라도,
너와 나는 행복에 대해, 꿈에 대해,
삶과 죽음에 대해 얘기할 수 있겠구나.
그렇게 기대했는데.
너의 육신은 이제 볼 수 없지만,
난 이미 이 세상에서 널 많이 느낄 수 있었어.
너가 나에게 인사하러, 날 지켜주러 온 것 같았어.
어제 위험한 산 길에서 밤운전 하고 다니는 내게,
오늘 집에서 나왔을 때 나를 비춰준 선명한 햇살과
그 햇살이 너무 뜨겁거나 눈에 부시지 않게
온 하늘을 가득 예쁘게 채우고 있던 구름들,
내 숨을 멎게도 하고 내 숨을 틔워주는 강한 바람,
그리고 신비롭게도 큰 나무에 딱 한 송이 피어있던
아주 희고 깨끗하고 아직 어리던 내 눈에 띈 꽃봉오리...
그 모든 게 너이자 너가 날 위해서 보내준 것 같아서,
멀리서 너의 곁에 가보지도 못 한 나에게 괜찮다고,

너가 여기 왔다고 말해주는 것 같았어.
고마워. 넌 나에게 이 깨달음을 벌써 주었거든.
넌 어떻게든 어디서든 항상 나와 함께 할 수 있다는 것 말이야.
우리의 못 다 한 이야기는 내가 바람에, 햇살에, 구름에
실어 너에게 잘 보내줄게.
그리고 나도 바람, 구름, 햇살이 되는 날에,
우리 그 때 또 만나.

상원아

이우빈
오랜 친구

상원아. 서로 웃으며 얼굴보면서 편지 써주고 싶었는데 뭐가 이렇게 급했니.
학교에서 너를 처음 본 순간에 세상을 바꿀 수 있을만큼의 학생이라는 걸 알았어.
'힘내, 할수있어' 이런 말들 듣기 싫었지?
이젠 그러한 것들 신경쓰지말고 지금보다도 행복해줬으면 좋겠어. SNS에 글 올리는 걸 보면서 오늘의 하루를 되돌아보곤 했는데, 앞으로 힘든 일 있으면 너가 쓴 글 읽고 힘낼게.
이젠 더 이상 아프지 마 상원아.
언제나 사랑한다. 그리고 존경한다.

2023.06.17 이우빈 올림.
'너의 사진을 바라보며'

과천외고 후배들의 응원메세지

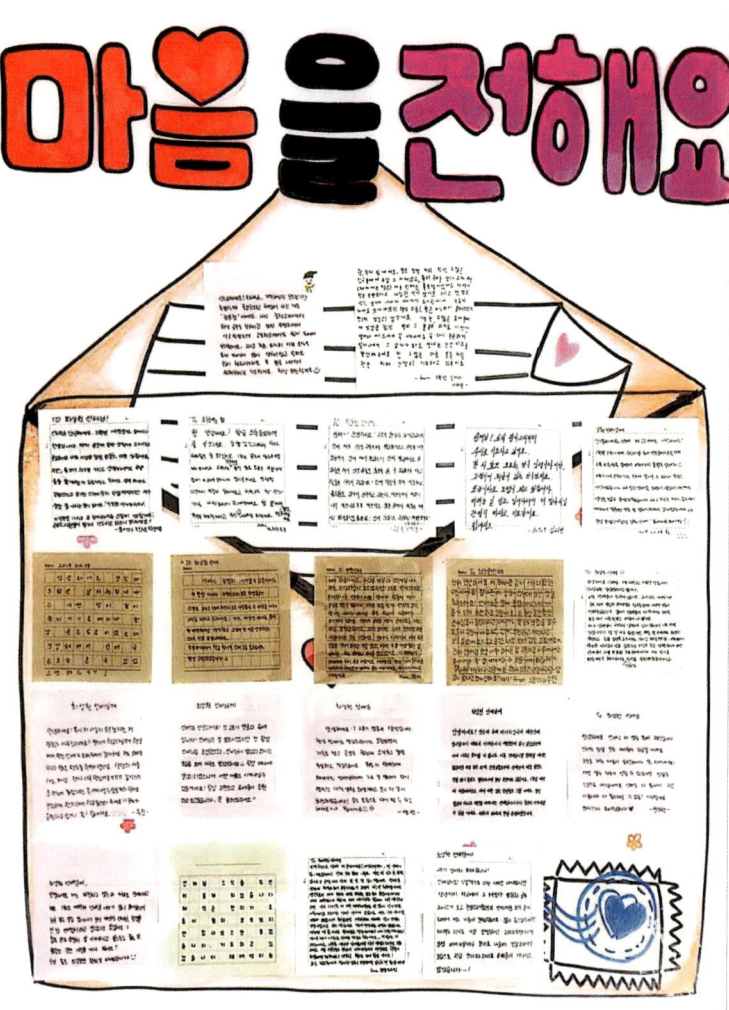

마음을 전해요

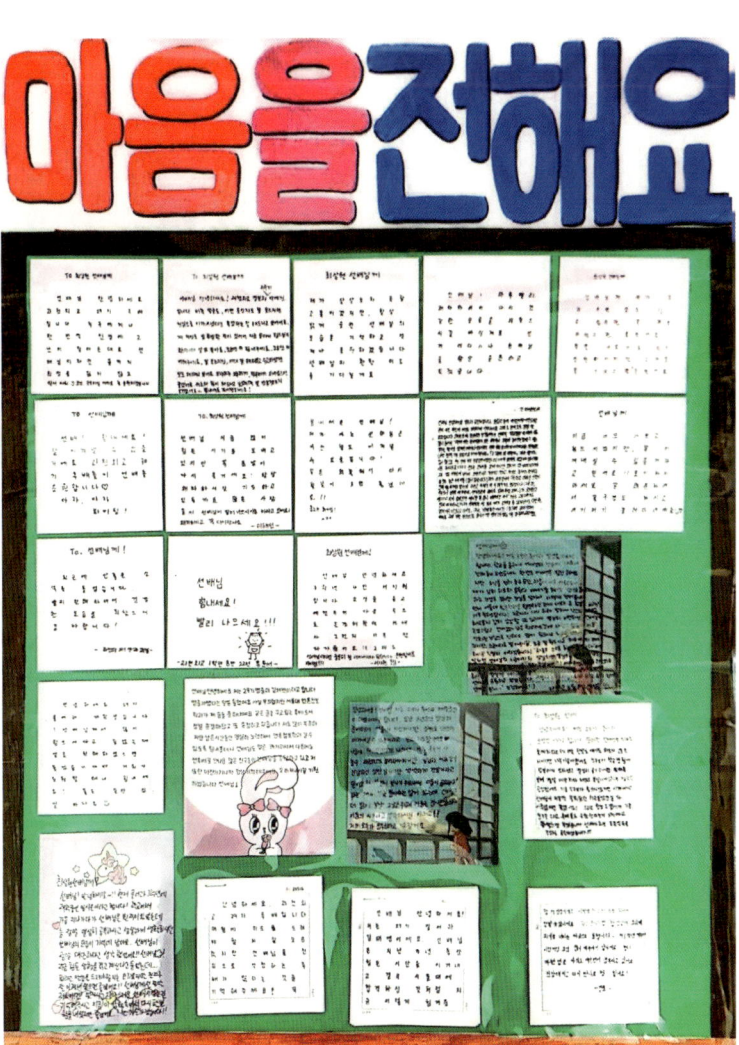

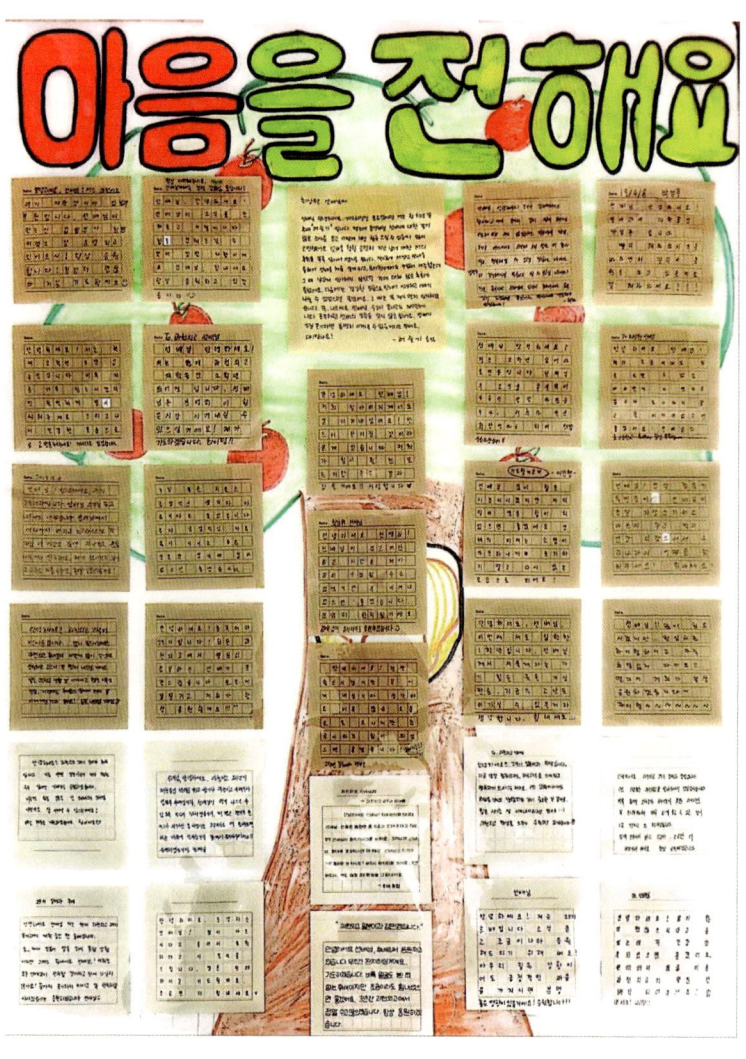

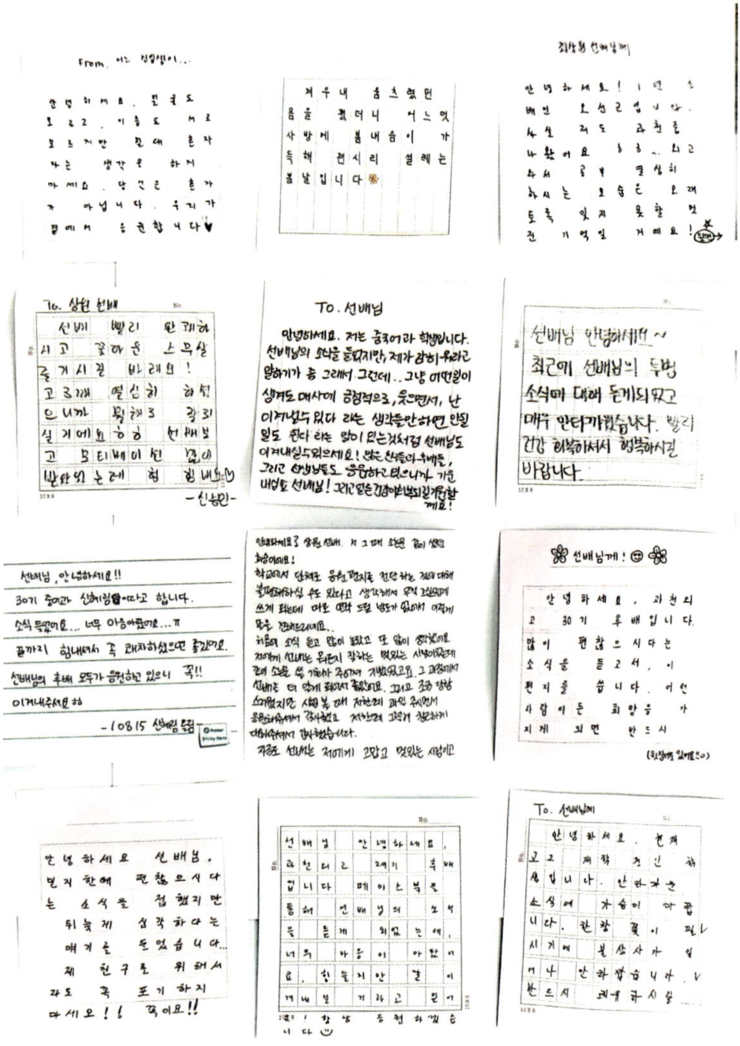

선배님께서 일하시
이루고 하고자 하시
는 것들이 잘 이루
어지길 응원할게
요! 몸 건강 회복
하시면 좋겠어요!
힘내세요!

To 선배님
안녕하세요! 과잠단 29기
후배입니다! 많이 힘드
시겠지만 빨리 완쾌
하시고 화이팅 하셨
으면 좋겠어요!

- 20322 과천외고 29기 후배

20212 동혁쌤					
Date 선생님께로					
저	는	선	생	님	을
만	으	로	선	생	님
께	서	저	에	게	이렇
게	큰	힘	을	주	셔
다	시	한	번	감	사
합	니	다	!	감	사
하	구	많	은	도	움
이	될	것	같	습	니
다	!	감	사	합	니다

선	배	님		안	녕	하	세	요
전	불	리	뉴	스	를		듣	고
드	리	기		쉽	겠	지	만	
마	음	을		꼭	챙	기	면	서
배	움	의		즐	거	움	이	나
힘	이		되	길		바	랍	니다
	-	과	천	외	고		후	배

제 29기 중국어과 학생회들

선배님 안녕하세요.
29기 중국어과 학생
입니다. 지금 많이 힘드시겠지만
항상 긍정적으로 잘 이겨내셨으면 좋겠습니다.
제가 뭐라 말할 입장이 아니지만 꼭
완치되어 건강한 모습으로 돌아올 수 있도록
기도하겠습니다.

To 최강인 선배님께

안녕하세요 저도
잠시 당황한 펴지
입니다. 안타까운 소
식을 듣었기에 몸
건강히 회복하시길
매 게유를 기도하
습니다.

안녕하세요! 29기 미토
아주 다고 들은지 얼마
안되서 너무 놀랐습
니다. 한알리도
빨리 힐드시겠지만
곧 큰 놀라세요! 꼭
나으실거에요! 화이팅!!! ♥

환영한 선배님께

天无绝人之路。
하늘이 무너져도 솟
아날 구멍이 있다는
말처럼 선배님요
쾌 완쾌하실 수 있을
거라 믿습니다! 저
도 항상 마음속으로
기도하겠습니다. -29기
- 영호과 피덴이

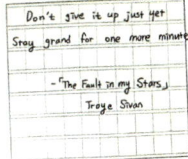

Don't give it up just yet
Stay grand for one more minute

- "The Fault in my Stars,
 Troye Sivan

선배님 안녕하세요
끝까지 희망을
놓지 마시고, 힘생
위에 선배님을 응원
하는 사람들이 많다
는 걸 알아주셨으면
해요. 응원합니다. ♥

무두 새싹이 어두운
땅 속을 뚫고 나오
듯이 어둠 속에도 한
한 빛이 있기 마련
이에요. 꼭 이겨내고
꽃 피어내 준다 맞춰
주어할 수 있을거에
요. 응원하겠습니다.

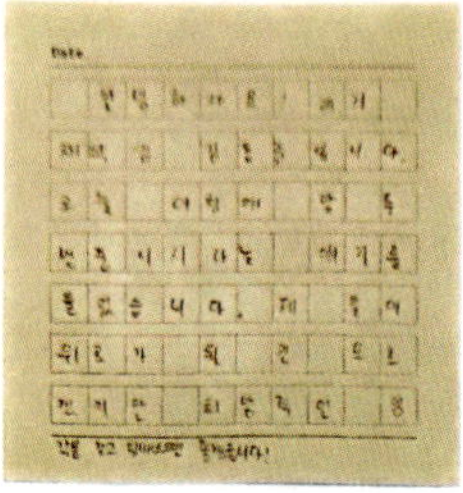

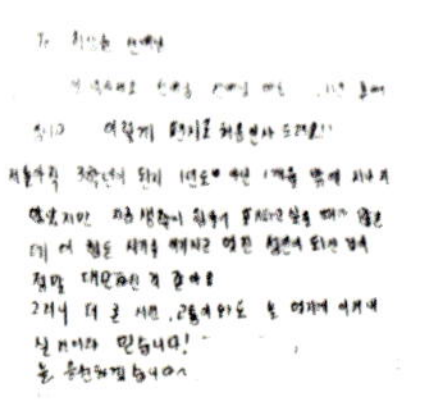

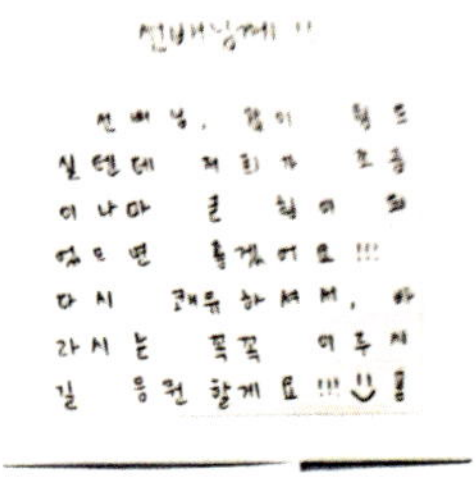

노력하신 만큼 좋은 대학에 가셨으니 지금도 투병하실수록 빠르게 완치되고 즐거운 대학생활 이어나갈 수 있을 거예요! 힘내시고 완치되기를 바라요!

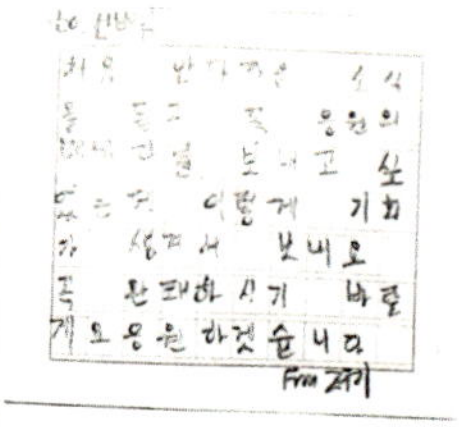
From 김기

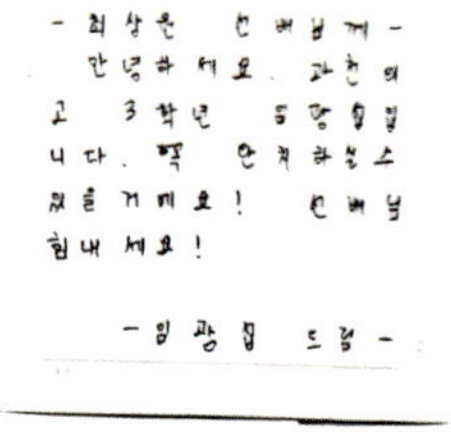
- 최상은 선배님께 -
힘내세요!

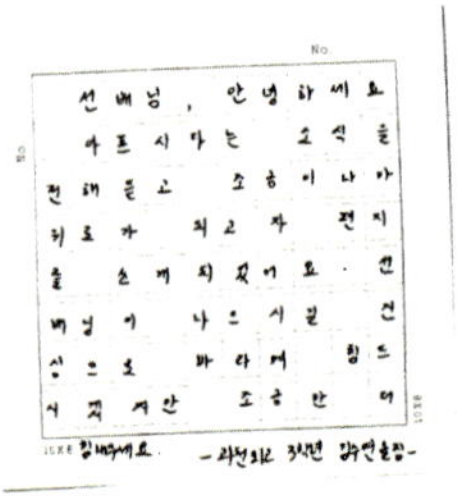
선배님, 안녕하세요

안녕하세요. 과천외고 1학년 학생입니다. 선배님 뒤에서 항상 응원하고 있겠습니다. 빨리 나으시고 건강한 모습으로 생활하실 수 있도록 기도할게요!

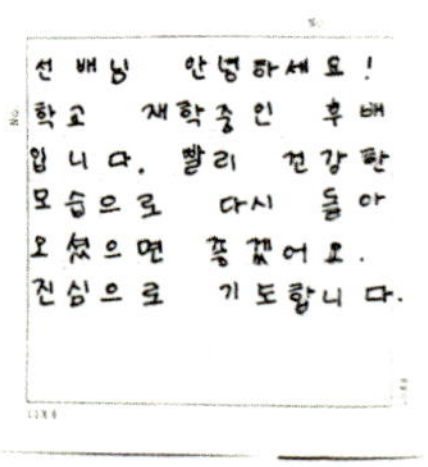
선배님 안녕하세요! 학교 재학중인 후배입니다. 빨리 건강한 모습으로 다시 돌아오셨으면 좋겠어요. 진심으로 기도합니다.

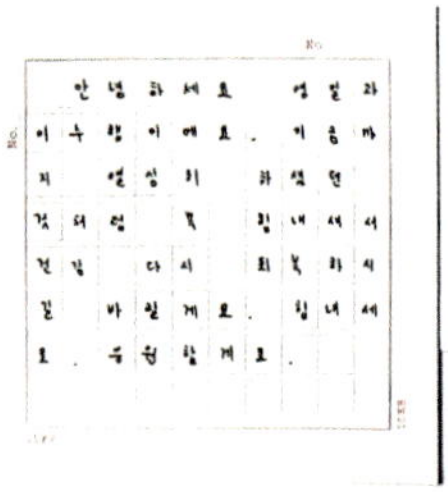
안녕하세요

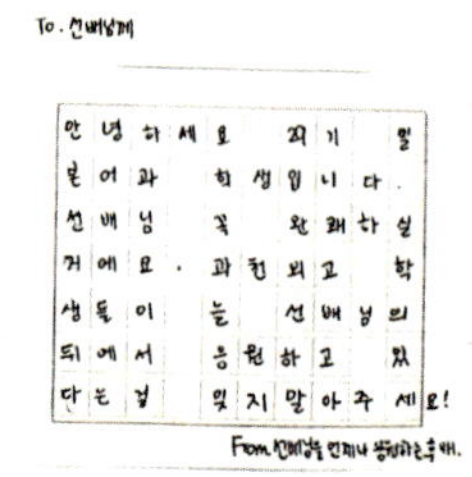
To. 선배님께
안녕하세요
선배님 꼭 완쾌하실 거예요. 과천외고 학생들이 선배님의 뒤에서 응원하고 있다는 걸 잊지 말아주세요!

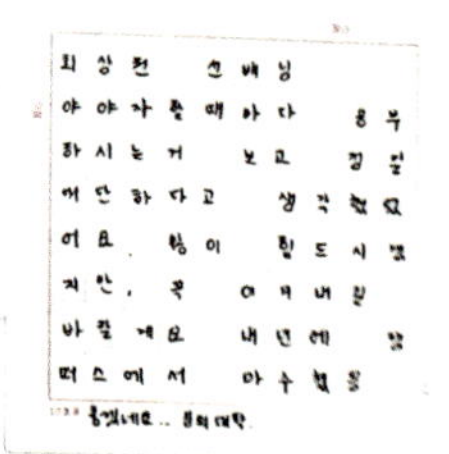
최상현 선배님

안녕하세요! 현재 과천외고 재학중인 학생입니다. 선배님의 초상화로 아픈 마음을 제가 알 꺼라고는 못하지만 꼭 완쾌하시기를 기도 하겠습니다. 항상 응원 하겠습니다.

선배님 안녕하세요 저기 불어과 후배입니다. 선배님이 빨리 괜찮아지며 건강한 삶을 사실거라고 믿습니다. 응원하겠습니다. 힘내세요!! ㅠㅠ

선배님께
선배님 안녕하세요 과천외고 30기 입니다. 꼭 나으실 거에요! 중간 다 같이 해요! 저가 응원하고 기도 할게요. 화이팅이요! 사랑합니다

안녕하세요. 28기 영어과 박서연입니다. 2학년 내내 선배들을 즐겁게여 공부하고 있습니다. 어디서 선배님들 제가 옆에, 곁의 돌본으로 자리잡을 새내기 햇살을 고개숙였습니다. 그런데 알마전 선배님 소식을 전해들었습니다. 내가슴이 많이 선배 돋운걸 압아음. 아음도 아니 아프고 이곳이를 돕는 친구들이 다들 같은 이유를 것입니다. 서울이 명화고 같다 결심해짐에 저는 선배가 꼭 이긴것이라고 믿어의성치 않습니다. 아프고 힘든 싸움이겠지만, 선배님은 저희와 함께 건강한 삶이 있을것이라 믿고 향상 기도하겠습니다.

To. GCFL 선배님♡
안녕하세요 선배님! 저는 과천외고 29기 김민경이라고 합니다. 비록 이 편지가 큰 도움이 될 수는 없겠지만 그래도 모두 응원하고 있으니까 힘내세요!! ♡

안녕하세요 김부의중 선배로 열심히 활동해주셔서 정말 큰 친 것 같습니다. 제가 힘든 지금 항상 기억하고 있고 큰 경험 했습니다. 힘내세요!!! 김건주 -영콤 2-

선배님께
안녕하세요 저는 올해 2학년이 된 김정민입니다. 어려운 입시 공부를 마치고 바로 힘든 더 힘드실것 같다는 생각이들어요. 하지만 여러운 고등학교 생활도 잘 이겨내신 것처럼 윤관리 잘하셔서 완치하시길 바랄게요!! 꼭 나으셔서 좋은 모습 보여주시고 선생님들과 선후배들 모두 응원하고 있어요!! -28기 명일-

Date 19.04.08.(월)
최	상	원	선	배	,	안	녕	하
세	요	!	저	는	과	천	외	고
2	에	재	학	중	인			
박	가	영	이	라	고	합	니	다
선	배	를		때	가	우	리	
겁	쟁	이	시	잖	아	요	!	
꼭								
든	든	한						

선배님 안녕하세요? 이번 1학년 일학과 관생입니다. 많이 힘드실텐데 너무 속상하지 마시고 긍정의 힘!!! 다음에 꼭 밝고 보여 주세요! 건강하세요! ♡

최	상	원	선	배	님	!	영
콤	과		김	지	호	입	니	다
지	금	조	금		힘	들		
기	이	실	지	몰	라	도		
힘	내	시	길		바	랄	게	요
저	희		다		응	원	하	고
있	습	니	다	!!	분	명	곧	
회	복	한		것	이	라	믿	어	요 ♡
선배 화이팅!!!

최상원선배님께
안녕하세요 선배님! 저는 영일과 28기 서유진이라고 합니다. 학교다니실 때 공부도 여러가지도 열심히하시는 모습이 너무 멋있으셨는데, 요즘은 소식을 듣게 되니 마음이 아프네요 ㅠㅠ 지금까지 잘 이겨내신 것처럼 윤관리 잘하셔서 완치하시길 바랄게요!! 꼭 나으셔서 좋은 모습 보여주세요 선생님들과 선후배들 모두 응원하고 있어요!! -28기 영일과-

안	녕	하	세	요		선	배	님 !
항	상		행	복	하	시	고	
빠	른		쾌	유	를		기	도
하	겠	습	니	다 !				

170

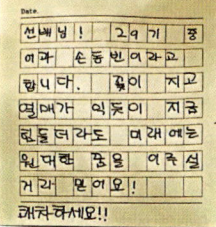

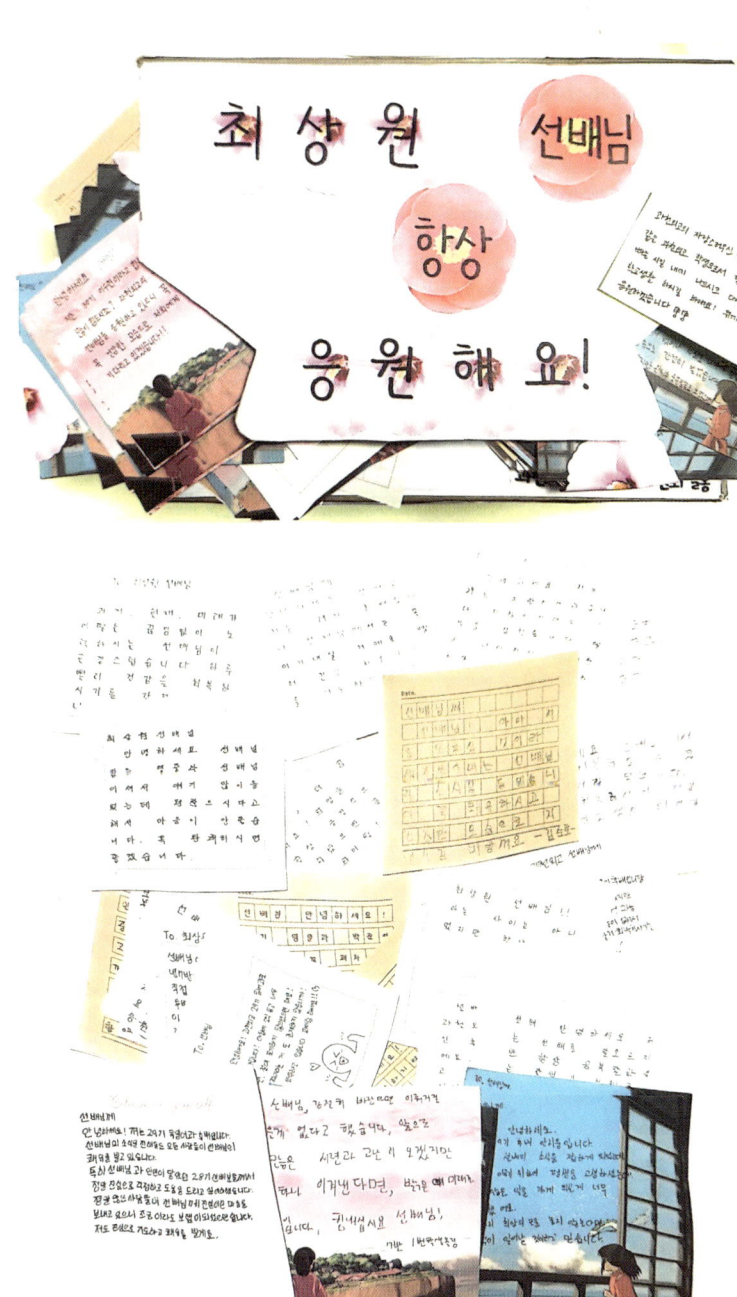

에필로그

 시골에서 올라오셨던 시어머니를 기차역에 모셔다드리는 차 안에서 문득 하늘에 떠 있는 무지개를 보았습니다. 아이들 어릴 때 한 번 보고는 십몇 년 만에 보는 예쁜 무지개. 우리 상원이가 보낸 거구나…. "엄마 나 괜찮아, 이제 안 아파서 좋아."라는 듯. 비 갠 하늘에 벙싯 걸려 있었습니다.

아이는
그물에 걸리지 않는 바람처럼
흔적을 남기지 않는 구름처럼
머무는 바 없이 머물렀고
남기는 바 없이 남겼습니다.
사랑하는 이들이
살아 숨 쉬는 동안 아프지 않고
지구별 여행을 마치는 그 날까지 후회 없는 삶을 사시길,
투병 중에 있다면 희망의 끈을 놓지 마시길 바랐습니다.

상원이를 위해 울며 기도해 주신 분들
아껴주시고 응원해 주신 분들
아이가 심심해할까 봐 매일 전화해주던 친구들
"네가 필요해"라고 말하면 열 일 제쳐 놓고 달려와 주던 친구들
입맛 좀 돋게 먹이라며 싸 보내신 반찬들
해외에 가서도 몸에 좋은 것이라며 애써 구해다 주셨던 물건들, 먹을 것들….
정말 열거하기 힘들 정도로 많은 사랑을 받았습니다.

고맙고 고맙습니다.
보내주신 마음, 제가 살아 있는 한
결코 잊지 않겠습니다.

2023.12
상원엄마

相元

초판 1쇄 2023년 12월 15일
초판 2쇄 2024년 03월 15일

글 상원엄마
사진 상원아빠

펴낸곳 이분의일
주소 경기도 과천시 과천대로 2길 6, 테라스원 508호
전화 02-3679-5802
이메일 onehalf@1half.kr
홈페이지 www.1half.kr

출판등록, 제 2020-000015호
ⓒ최상원, 2024
ISBN 979-11-92331-87-4 (03810)

이 책에 실린 글과 이미지의 무단복제를 금합니다.
이 책 내용의 전부 또는 일부를 재사용하려면 반드시 출판사의 동의를 받아야 합니다.